如何有效激发
学生学习兴趣

[美] 拉姆齐·穆萨拉姆（Ramsey Musallam） 著

SPARK LEARNING
3 Keys to Embracing the Power of Student Curiosity

图书在版编目（CIP）数据

如何有效激发学生学习兴趣 /（美）拉姆齐·穆萨拉姆著；杨洋译.
—北京：中国青年出版社，2020.8
书名原文：Spark Learning: 3 Keys to Embracing the Power of Student Curiosity
ISBN 978-7-5153-6057-7

Ⅰ.①如… Ⅱ.①拉…②杨… Ⅲ.①学习兴趣—教学研究 Ⅳ.①G442

中国版本图书馆CIP数据核字（2020）第095936号

Spark Learning
© 2017 by Ramsey Musallam
Simplified Chinese translation copyright © 2020 by China Youth Press.
All rights reserved.

如何有效激发学生学习兴趣

作　　者：[美] 拉姆齐·穆萨拉姆
译　　者：杨　洋
策划编辑：肖妩嫔
责任编辑：肖　佳
文字编辑：周楠楠
美术编辑：杜雨萃
出　　版：中国青年出版社
发　　行：北京中青文文化传媒有限公司
电　　话：010-65511270/65516873
公司网址：www.cyb.com.cn
购书网址：zqwts.tmall.com
印　　刷：大厂回族自治县益利印刷有限公司
版　　次：2020年8月第1版
印　　次：2020年8月第1次印刷
开　　本：787×1092　1/16
字　　数：70千字
印　　张：9.5
京权图字：01-2018-8307
书　　号：ISBN 978-7-5153-6057-7
定　　价：38.00元

版权声明

未经出版人事先书面许可，对本出版物的任何部分不得以任何方式或途径复制或传播，包括但不限于复印、录制、录音，或通过任何数据库、在线信息、数字化产品或可检索的系统。

中青版图书，版权所有，盗版必究

目录 / Contents

序　言　好奇心的力量 / 005

前　言　生活带来的启示 / 011

第 1 章　把学生好奇心放在第一位

> 学生的问题是帮助教师进行重要学习指导的窗口，一旦好奇心被激发，学生对学习的需求就会增加，和教师之间的联系也会加强。

021

如何激发好奇心 / 035

创造力的艺术 / 046

创建激发好奇心的有效工具 / 059

第 2 章 勇于接受课堂上暂时的无序状态

课堂上偶尔会出现因学生质疑而造成的无序状态，它们可能是课堂教学的重要组成部分，在教师的精心计划下，它们激励学生勇于尝试，勇于犯错，最终成为推动学生前进的动力。

065

将无序状态和有序教学完美结合 / 065

延迟教学法的重要性 / 070

如何利用5E学习周期制订课程计划 / 075

第 3 章 在反思中进步与成长

无论是教师还是学生，都要在反思中发展和成长。他们不仅要学会拥抱胜利，还要从失败中吸取教训，从而进一步完善课程规划。

091

具有变革性的反思是怎样的 / 091

教师如何进行反思 / 095

学生如何进行反思 / 105

后　　记　　为学生的生活赋予更多的意义 / 117

附　　录　　应用于关键教学时刻的10条策略 / 121

序言 / Foreword

好奇心的力量

希望你在接受教育的过程中,遇到过如此吸引学生的好老师——他们向你展示了你在舒适区之外能够做的事情。对我来说,我11年级的英语老师韦弗女士就是这样一位老师。我是有点像书呆子一样的工程师,英语从来都不是我的强项,更不用说其他人文学科了。但当时韦弗女士的英语课结课项目就是对自己选择的小说作品进行详细的文学分析。出乎意料地,这个项目最终成为我高中生涯的最高成就。起初这项作业是非常令人生畏的,我在尝试完成它的过程中,痛苦挣扎,并且以失败告终。现在,我对这个项目的记忆绝不是只有失败。《国王班底》（*All the King's Men*）不仅是如今青少年阅读清单的前10名，甚至早在20世纪80年代也是如此。我记得我读过这本书后，问韦弗女士："它为什么会如此受欢迎？"她没回答，却反过来问我："好吧，你觉得这本书到底讲的是什么？"正是这个问题让我思考"难道这本书蕴含的内容比我想到的更多"。从那时起，我们详细分析该书的意义，最终我为此写了一篇15页的论文。我为自己感到自豪。

回想韦弗女士，我意识到她的教学如此有效的原因是，她能够让我对这本书、对作者沃伦，以及他写这本书时世界上发生的事情感到好奇。我从来不知道她是怎么做到这些的。

自我自己的教育生涯结束以来，我偶尔会受到邀请进行教学或提供客座讲座。回想一下我在大学里遇见过的最有说服力的老师，以及我参加过的最有活力的讲座，他们给我的启发通常是，我的教学或演讲材料必须有趣。我的一位同事非常擅长在演示文稿中插入图像和文字，我崇尚他的这种技巧，甚至以此为典范。我认为通过某种方式围绕着你正在尝试教的东西用一些有趣、引人注目和聪明的表现形式，会让孩子们更加全神贯注地听你讲课！

虽然有些人可以用某种方式解决这个问题，但我一直无法做到。尝试这样的教学就像试图为一艘巨轮提供动力，我需要一个更好的

"马达",这个"马达"的形式可以是更好的演示、想法、笑话和噱头。我可以编一些有趣的故事并使用一些自嘲的幽默来博人一笑,但我通常会担心自己的表现是否让人印象深刻,是否吸引人。我想我需要一个效率更大的发动机。但是观摩完拉姆齐的课,我开始思考可能会有另外不同的教学模式。

回想起来,我失败的部分原因在于,我对这个世界非常好奇并且认为其他人也是如此。我认为每个人都有好奇心,但并不是每个人都像我一样自动受到好奇心的驱使。我喜欢了解某些东西是如何运作的或某事是如何完成的,一位朋友称之为"第3章综合征"(你可以翻到第3章,看看这是什么,然后继续阅读),另一位朋友称我为业余爱好者。我认为他说的不是好话,所以我不得不查查词典。今天,这个词的大多数用法都是贬义的:"对正在培养的兴趣不是真正投入或没有相关知识的人。"但有时却有不同的含义。回到这个词最开始出现的时候,业余爱好者实际上是"一个忠诚的业余爱好者"。我很确定我的朋友在胡乱批评我,因为我一直在告诉他,在尝试学习弹钢琴的同时尝试自学C语言编程是多么有趣。很久以前,我意识到我不会在任何事情上做到最好,因为我的兴趣太多了,但我依旧可以继续做很多事情,因为我对它们都很好奇!

拉姆齐的TED演讲引起了我的共鸣，这就像是揭开了我自己好奇心的面纱，也解释了我在自己的教学中失败的原因。你可以看到拉姆齐的好奇心是如何给予他动力的，但不仅是好奇心，还有一种对行动的偏爱，它们结合起来赋予了拉姆齐强大的力量。拉姆齐正准备首次在索诺玛高中教授机器人技术，他与我分享了其中的一些项目结构。我提出了一个建议，仅仅只是提供了一种更简单的教学方式，尽量不干涉他试图教授的内容。具体来说，我建议使用乐高作为构建媒介，因为他更感兴趣的是如何教孩子们运行程序，而不是让他们成为制作专家。让我感到震惊的是，在第二天分享课程大纲时，拉姆齐已经将乐高的想法纳入其中。他综合信息并立即应用信息的能力让我印象深刻，我做不到他这样，在做出决定之前，我总是想很多，喜欢做很多权衡。

这种对行动的偏爱让我想起了一位朋友。他是一位制造专家，他不会做大量的绘画、研究或长时间的分析（正如我所做的那样），只是用最基本的草图开始构建。在第一次尝试中，这个草图通常会演变很多次，并成为同一事物第二次（甚至第三次）尝试的原型。令人惊讶的是，当他完成第二次或有时是第三次也是最后一次尝试时，我仍然在考虑我的第一次尝试。是什么阻止了我们立刻进行尝试？我们为什么要无意义地等待？

在这本书中，拉姆齐提供了一种不同的教学模式——将好奇心的力量与对行动的偏爱结合起来。我最近在拉姆齐的教学课堂上观摩了一段时间，并被课堂上表现出的活力所震撼。看起来，孩子们正在自学。他们向我展示了他们正在制作的原型：自动驾驶遥控车、自由空间激光音乐链接、距离检测蓝牙邮箱解锁器……我俯身向拉姆齐问道："你对这些东西有多少了解？他们是怎么做到的？"拉姆齐回答说："我几乎一无所知！"

如果我的旧教学模式像是大型巨轮试图通过马力十足的发动机开过强猛的水流，那么拉姆齐激发好奇心的方式就像是不需要发动机的航行。你只需要举起一个足够大的风帆来吸引孩子们的好奇心，突然之间，课堂进度就自己向前推进了。通过控制舵柄和船帆，你就可以操纵一艘巨轮。

赞德·瑙斯乐（Zander Nosler）
Kitsbow创始人兼首席执行官

前言 / Preface

生活带来的启示

> 我们可以成为教室里的外科医生吗？这就好像是说我们正在做的事情有一天会拯救生命吗？我们的学生值得我们如此付出，每一个他们都是独一无二的。
>
> ——TED演讲《激发学生学习兴趣的三条法则》

6厘米。作为一名高中化学老师，我对这个尺寸非常熟悉。这是美元钞票的宽度，通常的人类拇指的长度，大约两个小纸夹首尾相连的长度，以及我们化学老师在试图促进学生对公制的理解时，让学生在比较过程中对各种其他随机物品的测量长度。在这个教学过程中，有一个典型的难点——单位转换。我们追求严格意义上的数字、准确性、精确度，等等。

2008年5月，我对这个度量距离的熟悉程度又上了一个台阶。在更换医疗服务提供商后，我的新医生建议我接受心脏超音波检查，测试一下轻度高血压是否会造成任何负面影响。虽然检查结果显示我的心脏没有任何损伤，但意想不到的是，在我的胸主动脉底部有一个大的动脉瘤——精确地说，它的直径有6厘米。血液离开心脏首次在血管流过时，直径3.5厘米是该区域的健康值，它通常被称为"主动脉根"。动脉瘤的大小为6厘米，几乎是健康值的两倍。这个曾经总是出现在我课堂上的数值，突然之间，对我的人生产生了至关重要的影响。

自此，我和我的妻子开始了一段为期两年的特殊人生旅程。我们被转介给不同的医生，调查着各种外科手术过程，同时享受着我们的第一个孩子诞生的喜悦，并为第二个孩子的到来做准备。在权衡选择之后，我们最终决定采用一种相对较新的心内直视手术，不需要放置机械主动脉心脏瓣膜就能修复动脉瘤。我那时36岁，相比之后的人生都要一直服用稀释血液的药物，并且遭遇不可避免的感染风险，新手术值得一试。最终，手术取得了巨大的成功，"6厘米"曾经是我背上沉重的巨石，而现在则更像是我口袋里的小鹅卵石。当我从浴室的镜子里，或者当我和孩子们一起在沙滩上游泳，看到胸口微小的伤疤时，我才会想起这段经历。

在这段难过的光阴过去之后，最令我着迷的不是心血管生理学的复杂性、手术的机制，或者最终用于替代我的动脉瘤的物质聚酯纤维的化学成分。从一名老师的身份出发，我被外科医生的心态所吸引——他的信心，他对自己解决问题的能力充满信心。他若无其事地描述道，在近五个小时的手术时间里，我的心脏随时可能停止跳动。

他的心态和信心给我带来的安慰让我着迷，他是从哪里获得这样的信心的？他怎么敢对看似如此可怕的事情如此肯定呢？他是如何变得如此胆大，并拥有如此多的技能来解决风险这么高的事情的？他在接受教育的过程中使用的训练方法，以及他的老师用来培养他的信心的教学方法肯定起了有效的作用，而且是非常有效！我想认识他的老师，为了我的学生，我也想成为那种老师！我可以成为我们班的外科医生吗？

当我身体恢复健康并准备在秋天回到课堂上时，我整理了我的笔记并试图将医生本人和他给我做手术的方法分离开来。他给我做的手术让我印象深刻，我想充分了解他的心态，这样我就可以把这件事分享给我的学生。我过去几年的表现更像是一位艺人而不是一位教育家，由于害怕"无聊",我一直在利用我的化学知识使自己成为一名魔术师,利用演示和爆炸来吸引学生,同时引诱学生听一个无聊的讲座。

我的课程顺序是这样的:家庭作业、实践练习、爆炸演示、无聊的讲座。我日复一日地重复着这样的工作。当然,有时候讲座会变成播放一个视频,但这不是创新,而更像是一种廉价的"创新"尝试,没有真正面对我作为教师的真正问题。但实际上,我的课"很受学生欢迎"。所以我会想,为何不保持这样呢?我的学生们喜欢看爆炸。

随着在线文档的出现,我能够征求学生对我教学的反馈意见。我在使用谷歌表单进行第一次调查时出了错,因为我没有询问学生的姓名。然而,我在手术前五天犯的这个粗心的错误最终却巧合地变成了我的刻意设置!

允许学生匿名回复的调查使我收获了很多诚实的反馈,证实了我曾试图忽略的令人不安的声音。这些回复证实了我的怀疑:我在课堂上的前十年更像是在进行"伪教学",而没有像一位"受欢迎"的教师应该做的那样,给予学生鼓舞人心的教导。我一直那样教学的原因是,学生们请求转到我的班级让我感到自满,让我轻易忽视了学生真正理解内容和单纯娱乐之间的巨大差异。阅读他们的调查反馈对我来说是一件既有启发性又很残酷的事情。

有关化学课的诚实反馈表

*必填

*请向我提供你对今年化学课堂的诚实反馈

提交

5/2/2010 8:48:48	实事求是地说,你似乎正在拿我们做实验……考试的问题看起来总是与众不同,我**讨厌**这一点。不要试图让所有的事情看起来都充满了创意。
5/2/2010 8:47:30	我**喜欢**看着你引爆东西,但我仍然不知道化学计算是什么。
5/2/2010 8:49:31	虽然我**根本不**打算继续在大学里学习科学,但你的课是我今年唯一期待的课。
5/2/2010 8:48:02	……不确定所有这些东西意味着什么,但我得了A,所以我猜我懂了。我认为你是我的朋友。

在所有的评论中,最后一个真的刺痛了我:"……不确定所有这些东西意味着什么,但我得了A,所以我猜我懂了。我认为你是我的朋友。"在这样一个诚实的匿名反馈中,这位学生质疑了我帮助他们理解和评估化学的能力。一句话竟能产生如此大的冲击,真是令人难以置信!

我收集的关于我的外科医生技巧和举止来源的答案并没有马上出现,甚至在我后续的CT检查、与他的电子邮件联系和亲切的个人电话预约中变得越来越模糊。我知道只是因为我的情况特殊,所以才会有这些预约。每次见面、电子邮件或电话联系后,我的焦虑最终都会变成激发他自信地解决问题的好奇心。

随着我的体力恢复正常,我胸部的伤口开始愈合。2010年秋季,新学期临近了,作为一名教师,我非常渴望自己的教学能力能有所提高,我想让上面提到的A变得有意义,我需要将"化学计算"作为整体概念美的基础,而概念美也就是:化学领域使得合成药、药物、食物等具有了极高的精确度。同等重要的是,我认为我的课上不应该只有爆炸,我还要在探索化学概念美的过程中与学生建立关系。我怎么才能做到这些?

> 我认为我的课上不应该只有爆炸,我还要在探索化学概念美的过程中与学生建立关系。

当我花时间反思外科医生的话语和信息时,三个主题词相继出现。首先,很明显,他不仅对心内直视手术感到非常好奇,而且对我将要经历的具体手术也非常好奇。当他谈到主动脉瓣的错综复杂时,他激动得像一个孩子兴奋地谈论起自己的第一套乐高套装。在谈话中,他会拿出一张纸,绘制各种形式的手术过程。更重要的是,他鼓励我要同样充满好奇,要寻找有关我体内发生的事情的信息,要用搜索引擎对其进行搜索,要阅读它,要了解它。很明显,我的外科医生在研究我的具体伤病情况时迅速成长。他可以在不需要机械心脏瓣膜和血液稀释药物的情况下修复我的动脉瘤吗?从我的角度来看,他不知疲倦地回答这个问题似乎更能说明他的专业性。

其次,从我们的谈话中可以明显看出,试验以及不幸的错误对我的手术至关重要。虽然在我两年前的诊断出来后,我的医生把我转诊给了斯坦福大学,让我就更复杂及有更多测试的手术进行了咨询,但我还是在凯撒南加州医院做了手术。他想让我知道我有哪些选择,同时也表示了他的犹豫——他告诉我他正在研究一种新的、更简单的手术，一旦它被试用过足够多次，它就会更适合我的特定情况。他的冷静和自信心让我震惊！他的言下之意是，心脏手术也是一项需要掌握的技能，尽管他有信心，但试验和可能发生的错误会一直持续到麻醉前几个小时。我签署了一份同意书，表明如果事情没有按计划进行，他可以在必要时放置机械心脏瓣膜。无序、混乱和乱七八糟是不可避免的，但显然，他已经学会了将这些不可避免的过程视为虽然困难但又必不可少并且强大有力的事情。

最后，他经常讨论他与同样热衷于类似手术的其他大学和医院的同事的不断合作。他谈到了自己在贝勒大学当外科住院医师的事情以及他在佛罗里达州的同事，这位同事曾做过给我安排的这种手术。他的见解总是充满了深刻的反思实践意识。很明显，他是学习者社区的成员，他们都会一起做手术、分享手术经验并改进手术过程，以更好地为患者服务。虽然在像外科医生一样高风险的职业中，这种社区的存在并不出人意料，但知道一个医生社区花时间思考如何更好地为我服务仍然是令人欣慰的。正是通过在社区里累积的强大反馈，我的手术才得以设计并最终被执行。

这三个主题词——好奇心、无序和反思是简单而效力强大的构念，这些构念在我生命中最困难和最不确定的时期意义重大。我想我的外科医生并不知道我对这三个词产生了共鸣，为我提供了我所需要的回到课堂上努力成为一名更好的教师的法则——以正确的理由"受欢迎"，并且认真对待我的学生和我教的科目，就像它们将会拯救生命一般。

那年秋季当我进入教室时，我反思了这段经历，并在我的课程计划本的首页上写下了这三条法则。我向自己保证，只有当第二天的课程计划体现了每条法则的某些方面时，我才会离开教室。这是我写的：

法则1：把学生好奇心放在第一位——在传授内容之前，我会尽力激发学生的真正质疑。

法则2：勇于接受课堂上暂时的无序状态——我将尽我所能建立一个反复试错的架构。

法则3：在反思中进步与成长——我会尽力将每个课程计划视为灵活的、可以进行修改的。

本书分享了我从"伪教学"转到一种真正有价值教学方法的旅程，这种教学方法将这三条法则放在首位，因为它们是打开和利用学生好奇心的关键。学生的问题、课堂的无序状态和反思的艺术能够共同发挥作用，使得教师更好地帮助学生掌握知识。如果你愿意了解，那我想告诉你，这就是我手术后的教学宣言。

在接下来的章节中，我将尝试通过分享具体的课堂示例，现代化教学技术使用指南，我的课堂故事、反思、观点、研究，以及你可以自己尝试设计的课程计划，从哲学和实际的角度解开每个法则的秘密。教学是一门非常复杂、个性化的艺术，需要你付出真实和热烈的激情。

我不是假装我已经知道了所有问题的答案，我没有高招，也没有挑战许多其他教育工作者认为成功的方法。本书中的方法有时反映了某个研讨会的讨论结果，有时是对教学的反思，有时（比我想的更频繁）则揭示了一个痴迷的工作狂的所思所想，因为他太把自己和他的职业生涯当回事了（只是半开玩笑）。

简而言之，接下来的内容是我个人对一个过程的反思，这个过程为我的教学艺术带来了难以置信的意义。希望将来有一天，我能够有幸在舞台上和更多人分享六分钟有关我的故事。这本书满足了我与你的分享超过六分钟的渴望。而正如我的好朋友兼教育家亚当·贝洛（Adam Bellow）所说："作为老师，有好东西而不分享是自私的。"我正在接受他的建议。谢谢你们加入我！

第1章

Curiosity Comes First

把学生好奇心放在第一位

> 问题可以成为很好的教学窗口,反之则不然。
>
> ——在寻找更多解释该现象的细节的过程中激发质疑

想一想你对某事真的感到好奇时的心情。也许它会像是你看到最喜欢的电视剧的下一集或者一本好书的最后一页时的感受;或者像是你长时间未听某首歌曲,因而忘了它的曲调,想要迫切找回时的感觉;也或许,就像是我的外科医生想要改进复杂过程的期望之心。对他来说,好奇心和心内直视手术相关;对你而言,好奇心可能与烘焙、木工、编码或教学有关。

无论你的好奇心来源是什么,激发好奇心的信息都有一个共同点：存在信息差距——一个在知道和不知道之间缺失内容的空间。这是一种无形的认知障碍，将挫折和奖励分开。从表面上看，我们从缩小信息差距中获得的情感利益似乎是一种简单的现象、一种短暂的感觉，与每天我们的生活方式交织在一起，我们很少花时间去思考它，或者甚至很少去利用其潜在的力量。

目前的研究表明，好奇的情绪不仅仅来自对缺失信息的追求。好奇心超越了我们对那只陷入边走边丢困境的傻猴子的固有印象，并帮我们将这一过程重新定义为一种非常理性的东西：对认知奖励的期待。这种期待是如此强烈，以至于一旦好奇心被激起，我们的思想就会得到强化，与外界的联系就会得到加强，认知能力也会提高。在整个过程中，我们的潜意识准备帮助我们填补信息空白。简而言之，当对信息的渴望消失时，好奇心的力量就不存在了；相反，正是未知的存在才能激发我们的好奇心，增强我们的意志力。好奇心能够激发人类大脑对学习的需求，使其能够成功处理众多错综复杂的事务。

科学对好奇心相对较新的理解激发了研究人员去调查信息差距为大脑学习做准备的方式。在加利福尼亚大学戴维斯分校的一项具有里程碑意义的研究中，神经科学家查兰·兰加纳特（Charan Ranganath）和他的团队要求19位被试回答100多个问题，并让他们根据对答案的好奇程度对每个问题进行评分。每位被试在对好奇程度进行评分后，会重新回答问题，而兰加纳特和他的团队此时会使用功能性磁共振成像（fMRI）扫描他们的大脑活动。在扫描期间，被试将查看问题，然后等待14秒，并在看到答案之前查看与问题完全无关的面部照片。

在扫描结束后，该团队测试了被试，看他们如何能够回忆并同时记住问题的答案和他们所看到的面孔。研究显示，具有统计意义的是，参与者对问题的好奇心不仅可以使其更好地记忆问题的答案，还可以帮助他们记忆和问题无关的面孔。对此，他们解释道，当你对某事感到好奇时，你的学习能力会有所提高。事实上，当你很好奇时，你可以更容易地学会任何东西。

一旦好奇心被激起，我们的思想就会得到强化，与外界的联系就会得到加强，认知能力也会提高。

威廉姆斯学院的心理学家纳特·科内尔（Nate Kornell）进行的研究证实了兰加纳特的发现，好奇心可以增强我们解决复杂问题的能力。在《心理科学》（*Psychological Science*）上发表的一项研究中，科内尔要求被试查看以不同大小的字体打印的单词列表，并预测他们在以后

的测试中记住这些单词的可能性。正如预测的那样，被试表示他们对记住大号字体的单词最有信心，认为字体大小比重复练习更能维持记忆。在接下来对被试的假设进行的测试中，研究结果恰恰相反——字体大小和记忆效果无关，练习却得到了回报。

科内尔的研究直接挑战了困难与学习之间的关系。根据科内尔的说法，"如果某样功课你前后相隔一段时间学习两次，那你第二次学习这些内容时会更困难，人们往往认为这得不偿失。但事实恰恰相反：即使你第二次学习时感觉更难，你也会学到更多。是流畅性影响了你的判断"。或许，在更大范围内，诸如此类的发现暗示着更为重要的窍门，可能对教学和学习产生巨大影响：

1. 当被定义为信息差距时，好奇心并不总是让人感觉良好；
2. 娱乐与参与不是一回事。

虽然好奇心和娱乐之间只有一步之遥，但我们的认知架构会被前者强化。正如科内尔有力地指出："难度会增强我们的意志力，而轻松只能帮我们建立信心。"

通过上述研究很容易看出，如果使用恰当，信息差距可以成为帮助教育工作者教学的有力工具。如果仅仅意识到信息差距确实能帮忙构建"意志力"，那么激发好奇心应该是所有教学策略框架的核心。

对于教育工作者而言，除了使学生有能力高效、有技巧、信心十足地解决复杂问题之外，还有什么可能是更重要的呢？虽然这个论点很有说服力，但对教师来说，将好奇心作为教学工具仍然是一项具有挑战性的任务。我们与信息的关系对于我们如何定义我们的工作至关重要，无论教学主题是什么，向学生传递信息都占了教学工作的很大比重。相反，如果是对信息缺失的意识，而不是信息传递，赋予了学生学习能力，那么教师的角色又是什么呢？毕竟，想要信息与拥有信息不同。

自做完手术以来，我花了很多时间来反思学生的真实动机和上面提到的想要信息和拥有信息之间的紧张关系，我已经认识到对知识的好奇和拥有知识不是分离的，而是共生的。对知识的渴望和拥有就像一个教育的"动态二重奏"，其顺序是有意义的学习和教学的关键。为了更好地解释这种教学配对，研究图1.1"好奇心与信心水平"关系图是有帮助的，图中，对某一主题的信心水平与对该主题的了解程度相关。

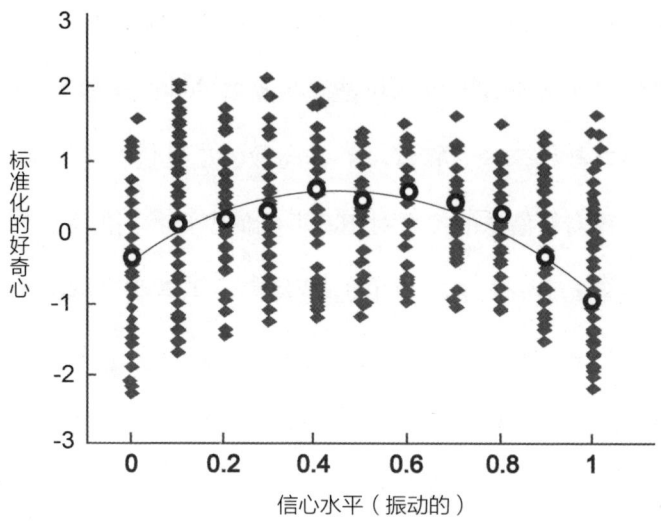

图1.1 "好奇心与信心水平"关系图

图中显示的倒"U"形曲线证实了"信息差距"假设,即感到好奇与信息缺失有关,而与信息的存在无关,它提供了有关信息差距参数的附加信息。也就是说,当对一个主题的信心或了解程度不足时,好奇心就不足;当对一个主题的知识掌握过多时,好奇心也不足。然而,有一个"最佳位置",在这一点上,你对某一主题的了解不多不少,能够让你拥有最强的好奇心。电影制片人兼作家J. J.艾伯拉姆(J. J. Abrams)在他的TED演讲《神秘盒子》(*The Mystery Box*)中如此雄辩地说道:"隐瞒信息……更具吸引力……你之所以喜欢它,是因为你没有听说过它。"

回顾查兰·兰加纳特和纳特·科内尔的研究就会发现，你在充满好奇时不但会更喜欢这些信息，而且会更有能力应对这些信息的烦琐性和复杂性。图1.2对比了在同一问题中被试回答问题的准确率与好奇心水平，显示了科内尔提到的"意志力"与好奇心之间的关系。

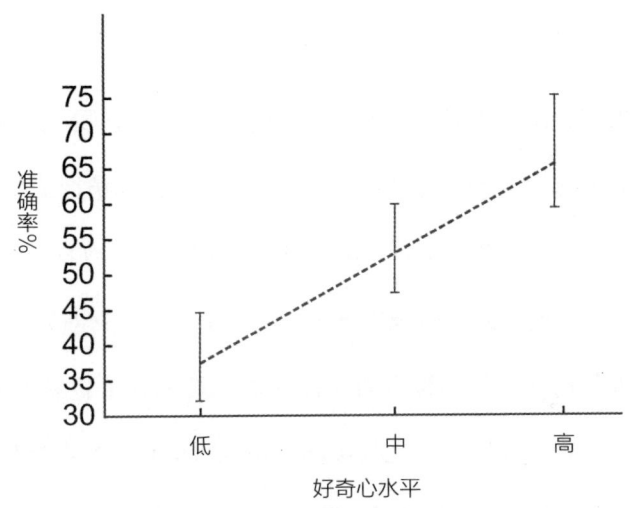

图1.2 "准确率与好奇心水平"关系图

图1.1和图1.2都对好奇心研究文献中的一个主要悖论进行了澄清：通过保留信息可以加强我们的认知，而不是提供信息。尽管如此，我们作为教育工作者的责任仍然是找到"最佳位置"——我们需要去除

多余的信息，以获取学生最强的好奇心，并加强他们的意志力，同时又不让他们失去动力。这是一项艰巨而有价值的任务。我相信，教学的艺术在于接受将好奇心放在首位的教学挑战。我们必须让大脑进行有意义的学习，隐瞒信息，然后传递信息。正是这种教学组合使学生对某个主题的真实理解和兴趣变得完全不同。从我作为一个好奇的病人的角度来看，正是这种组合赋予了我的外科医生能够抢救他人生命的技能。

作为教师，仅仅了解有关认知机制或好奇心的研究是不够的。我们还必须努力弥合好奇心的图形表示与学生的实际情况之间的差距，并准确定位每个学生与"最佳位置"相距的位置。对教育工作者来说，特别有用的一种概念是"自发的好奇心"。研究文献中将其描述为"由于接触了激发好奇心的刺激因素，而无意识地获知了信息差距"，"自发的好奇心"的"自发"含义与美国普通学生的现实情况恰好重叠了。我们无法回避的事实是，在美国，要成为年轻的公民就必须上学。是的，这是一种荣誉，一种权利，甚至是一种祝福，但这也是一项要求。

无论真实与否，每天一进入课堂，我总是愤世嫉俗地假设我的学生不想来上课。我认为我有责任通过保留和提供信息来定位内容，从而吸引和激励学生们。因此，我的工作是使信息差距显著——看得见摸得着，以帮助学生形成意志力。虽然我希望我的许多学生主观上渴望解决问题的过程并且对化学有自发的好奇心，但对我而言，教学的艺术就在于接受这一挑战。我意识到，在这个假设中，我的立场有争议，有些人可能会称之为教学的消极因素。尽管这个假设存在消极因素，但这样的定位对我产生了相当大的帮助，将我的日常工作转变为一份真正的职业。**我可以让每个学习主题都引起学生自发的、真实的探究吗？**这个问题激励着我！

让我们暂时回到对于好奇心的研究上。关于自发的好奇心的文献讨论了许多激发好奇心的方法，但只有三种策略特别适用于课堂教学。下面列出的三个激发好奇心的方法的目标是，将学生直接定位在"最佳位置"，战略性地保留信息，最大限度地锻炼意志力。这是展示和消除信息差距的一个关键点。掌握好这一点，无疑将使教育工作者成为这一领域的专家。

激发方法1：保留部分信息

描述：为学生提供与教学内容有关的资料，战略性地删除其中一些信息。
目标：激发对该主题基本要素的质疑。

激发方法2：让学生预测解决方案

描述：为学生提供与教学内容有关的资料，通常是提前结束的音频或视频片段。

目标：激发学生询问该片段中的问题是如何被解决的。

激发方法3：展示令人惊讶的结果

描述：为学生提供与教学内容有关的资料，通常是图像、视频剪辑片段或阅读材料，其结果往往令人惊讶、困惑或震惊。

目标：在寻找更多解释该现象的细节的过程中激发质疑。

其实，接触自发的好奇心这个概念并不是我课程计划的一部分，是我的一位非常敏锐且勇敢的学生凯文让我开始思考这件事情。在手术后的第一个星期，和往年一样，我开始教授高中二年级化学课，内容是很简单的科学方法和化学变化与物理变化。我决定，在我开始新改进的课程计划之前，我会慢慢热身并先用上一学年同样有效的教学顺序上课：

第1阶段：讲座——化学反应的特征是什么？

第2阶段：实验——当你在罐子里放一支蜡烛时会发生什么？

第3阶段：扩展——如果将蜡烛放在不同大小的罐子里会发生什么？

我喜欢这个介绍性的活动，它包括一个清晰的讲座，介绍了学生应该如何设计实验、记录数据和测试变量。除此之外，还有一个简单的实验过程——涉及火和一个易于操作的因素，即罐内的氧气量。从小学生到研究生到走在街上的任何人，当被问及蜡烛放在罐子里为什么会熄灭时，几乎每个人都会有相同的答案，就像条件反射一样。你现在可能也正在考虑这个答案：因为蜡烛耗尽了罐子里所有的氧气。

虽然这种回答包含一些正确的信息，但实际上罐子里蜡烛熄灭的现象涉及的原因要比这复杂得多，而且正如我很快就会发现的那样，我的化学课被误传了。做完实验后，我又做了一个简短的讲座，在此期间，我告诉了学生他们认为他们知道的：罐子里没有氧气了。与上面提到的典型反应非常相似，这个信息基本上源于我的直觉，盲目地建立在误解而不是坚实的化学基础之上的思维惯性。

"我不相信你。"

在我结束演讲后，这句话立刻响了起来。凯文，一名高中二年级的学生，通常安静地坐在课堂后面，此时他做了大胆的发言，似乎成了一位知识巨人。这位令人生畏的"人物"的"食物"是我的"欺骗行为"，目标是证明我错了。

"不好意思，你说什么？"我带着一丝不安说道。

全班回头看看凯文，又转头看着我，最后目光再回到凯文身上。

"我不相信你。我认为不会这么简单，我觉得罐子里还有氧气。"

全班同学又转头看向了我，然后目光再回到凯文身上，最后又回到我身上。给凯文的一些潜在回应在我脑海中闪现：凯文，罐子里的所有氧气确实耗尽了，但我们可以在课后对此进行更多的讨论；你可以给我发电子邮件，以便我们以后再讨论；有人愿意帮凯文解释为什么蜡烛会耗尽罐子里的所有氧气吗？

当我每次进行不自信的反驳时，我感觉自己就像个骗子。在这一点上，我确信他和全班同学都认为我的包里装着傻瓜科学系列《化学要点》，上边还写着潦草的重点和凌乱的笔记。他们是否知道我只是一名高中化学老师，因为我没有像我最初计划的那样进入医学院？我突然确信他们知道我参加的两次MCAT考试[①]中的最低分（并且没通过）都在化学部分。我的主修专业实际上是生物学，只是在我应聘时，化学教师是唯一开放的岗位。我相信他们知道这一切，他们已经弄明白了：我是一个骗子，一个十足的骗子！

就在我像骗子一样开始要做出一些令人生厌的典型老师居高临下

---

① MCAT是申请攻读北美医学类院校的学生所必备的一项机考标准化考试。

的回应,比如"我才是老师,你不是"时,我想到了另一种选择。这个新的回复源于夏天时我对自己作为一名教师的反思。我不确定这个词从何而来,但回想起来,我意识到它激发了我职业生涯的新阶段——证明一下。

这句话从我嘴里说出来之后,教室里的氛围发生了变化。凯文不再是几秒钟前那种两米高的知识分子巨人了,学生们似乎不再因他的智慧和我的遗忘而左右为难了。最重要的是,我不再觉得自己是个骗子了。

"证明一下。"

凯文的声音从惊吓变为好奇,他说:"我没有在不同大小的罐子里放一支蜡烛,相反,我注意到桌子上有一些橡皮塞。我在一个橡皮塞顶部放一支蜡烛,另一支则放在桌面上(图1.3),然后把两支蜡烛都点燃并将其用罐子罩住。随后你会发现,当一支蜡烛高于另一支时,上面的一支首先熄灭(图1.4),下面的蜡烛燃烧时间更长!"

"展示给我们看,凯文!"我用一种同样好奇的语调说。这个语调似乎让我的学生平静下来,并让每个人开始感到好奇。我拿起手机将凯文设计的巧妙系统拍了下来。

凯文似乎感知到了我计划改进的教学方向,并且善意地(可能有些令人生畏)给了我所需的动力,帮助我的课程规划过程做出了微妙但

图1.3

图1.4

重大的改变。这就是第一条法则：把学生好奇心放在第一位。随着学生们不断尝试新方法、挑战旧范式，更多的混乱将会随之而来。那就来吧！一切似乎都偏离了原来的轨道，但其中的反思赋予我们力量。事实上，凯文的实验为我们班提供了一个"展示令人惊讶的结果"的完美示例，告诉我们自发的好奇心可以激发学习兴趣。当整个班级开始研究燃烧蜡烛的化学反应时，突然间，就像一扇强大的窗户被打开，好奇心蜂拥而入。

如何激发好奇心

你可以使用保留部分信息、预测解决方案和展示令人惊讶的结果这三个激发好奇心的方法在你的班里创建类似的发现体验。无论你教授的年级或学科领域是什么，这些方法都可以激发你的学生的好奇心。接下来的内容为这三种方法各提供了一个不同的具体课程规划示例，这些示例体现的内容可能并不全面，但当你开始使用媒体工具设计激发自发的好奇心的方法时，它们将成为你的参照模板。每个示例都首先提到了对应方法面向的学科和特定主题，其次描述了用于激发学生对特定主题提问的现代化教学技术，最后提供了相关的教学步骤、教学逻辑和现代化教学技术使用步骤。虽然接下来的示例课程是与科学和数学相关的，但我希望它们将为你提供一个看得见、摸得着的模板，便于你用来激发学生自发的好奇心。

激发方法1：保留部分信息

学科：历史

主题：民权

现代化教学技术

下图显示的是两个不同的文字云（图1.5和图1.6）。文字云是数据可视化的一种，展示了来自一段文本的单词分组，其中高频词字号大于低频词字号。图1.5是马丁·路德·金的演讲《我有一个梦想》（I Have a Dream）的单词可视化图片，图1.6是贝拉克·奥巴马2008年的演讲《为了更完美的联邦》（A More Perfect Union）的单词可视化图片。这种图像搭配代表了"保留部分信息"对好奇心的激发，因为它没有标注每个可视化图片的相关文本（有关将文字云作为学习工具的详细信息，请参阅附录）。

第 1 章 | 把学生好奇心放在第一位

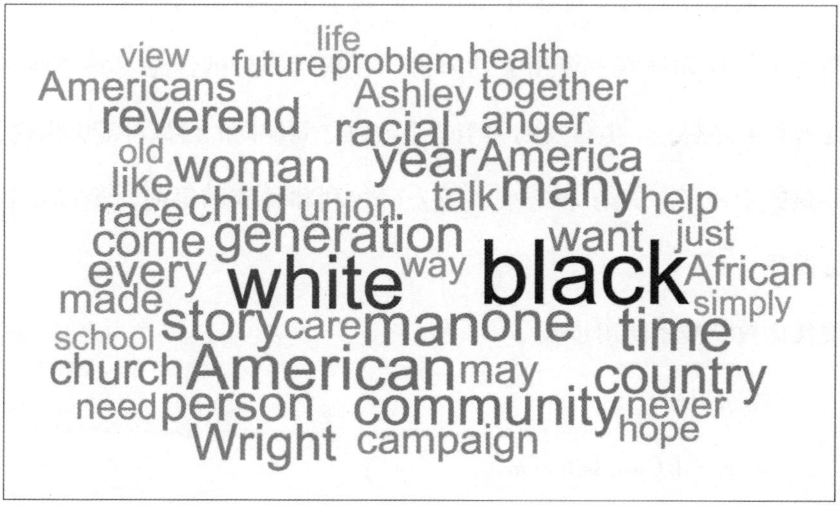

图1.5

图1.6

教学步骤

使用你选择的随机文本解释文字云是什么并以此为模板。开始在课堂上研究主题之前,向学生并排显示每个可视化图片。要求学生自己查看可视化图片。密切观察,看学生是否能自然地提出问题。如果没有人提出问题,请提问"你们有什么问题"。理想的学生提问包括:

- 文字云来自不同的演讲吗?
- 这些文字云是否来自美国历史上的类似时期?
- 每个文字云是否都针对美国的种族平等问题?

教学逻辑

学生可以从每个可视化图片的高频词中推断出这些文字云来自与美国民权和种族平等相关的演讲。在揭示缺少的信息(每个演讲的特点)之后,学生自发的关于每个演讲之间异同的讨论可能会出现,并最终引出关于现在和未来美国公民权利和种族平等的讨论以及后续课程。

现代化教学技术使用步骤

- 搜索引擎
- Word Sift(wordsift.com)

第1步：用搜索引擎搜索马丁·路德·金的演讲《我有一个梦想》。

第2步：将演讲中的文本复制并粘贴到Word Sift中，然后单击"筛选"（Sift）。

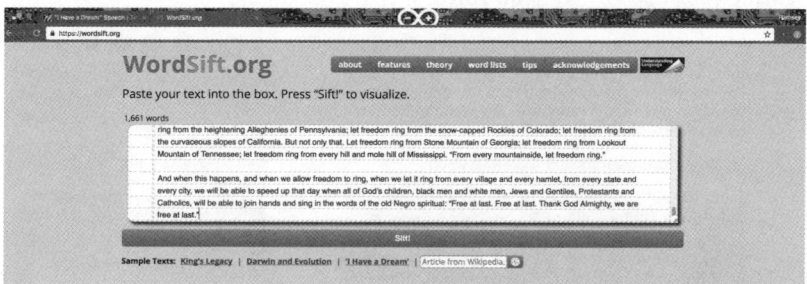

第3步：对贝拉克·奥巴马的演讲《为了更完美的联邦》重复前两步。

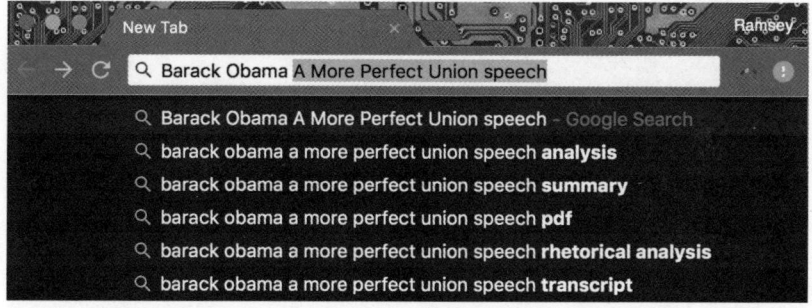

Undo ⌘Z
Redo ⇧⌘Z
Cut ⌘X
Copy ⌘C
Paste ⌘V
Paste and Match Style ⇧⌘V
Delete
Select All ⌘A
Find
Spelling and Grammar
Speech
Start Dictation... fn fn
Emoji & Symbols ^⌘Space
litics/18text-obama.html
SECTIONS
The New York Times
SUBSCRIBE NOW
LOG IN
oposes Cutting Drug
unding by 95%
PAID POST: BUSINESS FRANCE
How France Nurtures Industries of the Future
CRÉATIVE FRANCE
Senate Asks Trump Associates for Records of Communication With Russians
POLITICS
Barack
on Race
MARCH 18, 2008
The following is the text as prepared for delivery of Senator Barack Obama's speech on race in Philadelphia, as provided by his presidential campaign.
"We the people, in order to form a more perfect union."
Two hundred and twenty one years ago, in a hall that still stands across the street, a group of men gathered and, with these simple words, launched America's improbable experiment in democracy. Farmers and scholars; statesmen and patriots who had traveled across an ocean to escape tyranny and persecution finally made real their declaration of independence at a Philadelphia convention that lasted through the spring of 1787.
The document they produced was eventually signed but ultimately unfinished. It was stained by this nation's original sin of slavery, a question that divided the colonies and brought the convention to a stalemate until the founders chose to allow the slave trade to continue for at least twenty more years, and to leave any final resolution to future generations.
Of course, the answer to the slavery question was already embedded within our Constitution – a Constitution that had at its very core the ideal of equal citizenship under the law; a Constitution that promised its people liberty, and justice, and a union that could be and should be perfected over time.
RELATED COVERAGE
Barack Obama's Speech on Race
Obama Urges U.S. to Grapple With Race Issue MARCH 19, 2008
NEWS ANALYSIS
Obama Chooses Reconciliation Over Rancor
MARCH 19, 2008
POLITICAL MEMO
An Effort to Bridge a Divide MARCH 18, 2008
In Chicago, More Talk About Race After Speech
MARCH 19, 2008

https://wordsift.org
WordSift.org
about
features
theory
word lists
tips
acknowledgements
Paste your text into the box. Press "Sift!" to visualize.
4,977 words
economy. He does not say education or the war. He does not say that he was there because of Barack Obama. He simply says to everyone in the room, "I am here because of Ashley."
"I'm here because of Ashley." By itself, that single moment of recognition between that young white girl and that old black man is not enough. It is not enough to give health care to the sick, or jobs to the jobless, or education to our children.
But it is where we start. It is where our union grows stronger. And as so many generations have come to realize over the course of the two-hundred and twenty one years since a band of patriots signed that document in Philadelphia, that is where the perfection begins.
Sift!
Sample Texts: King's Legacy | Darwin and Evolution | 'I Have a Dream' | Article from Wikipedia

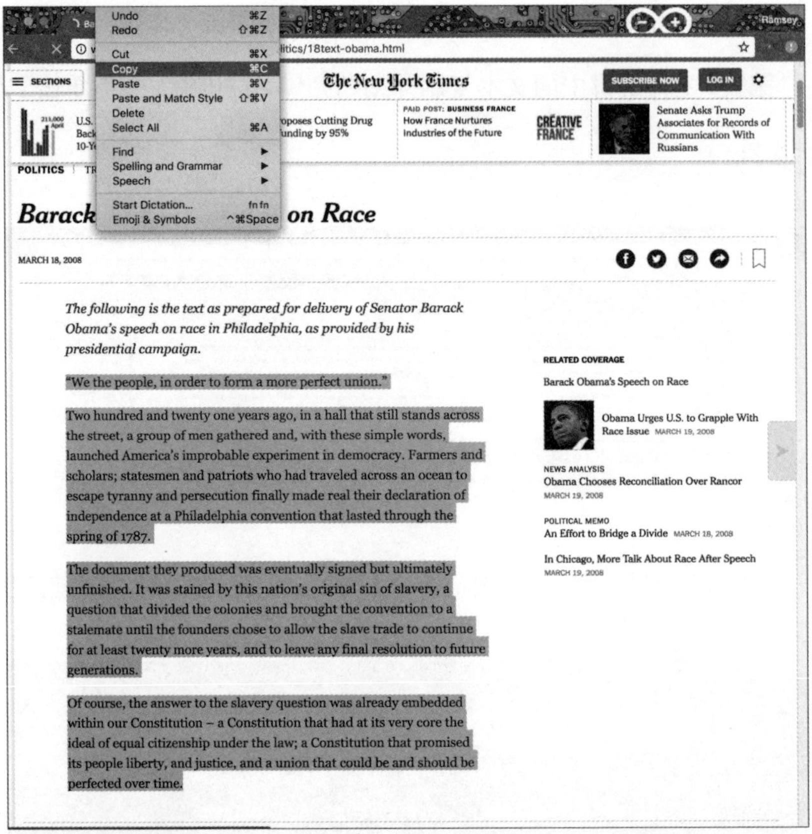

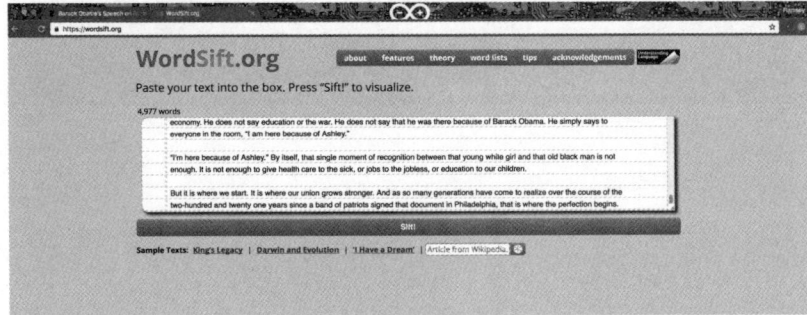

 **这种方法激发了学生们的好奇心吗?**

你可以在下方记下你的想法。

激发方法2：让学生预测解决方案

学科：物理学

主题：质量、体积和密度

现代化教学技术

- 搜索引擎
- 视频播放软件

下面的图片是电影《夺宝奇兵》（*Raiders of the Lost Ark*）中的开场场景，其中印第安纳·琼斯（Indiana Jones）试图用一袋相同重量的沙子取代纯金雕像从而将雕像偷走。我发现播放一段精心剪辑过的

视频，只显示印第安纳准备沙袋和掉包的画面，会更吸引学生。这就是"让学生预测解决方案"方法的运用——在解决问题的场景出现之前，视频播放就结束了。

教学步骤

在视频软件上搜到《夺宝奇兵》，在质量、体积和密度单元讲授开始之前，给学生播放图像中显示的场景。当用视频软件观看时，该场景发生在7:47和8:01之间。在印第安纳将黄金雕像换成沙袋之后，但在揭露他的交换是否成功之前，就停止播放这个片段。播放被剪辑的视频片段之后，听一下学生自然产生的每一个问题。如果没有人提出问题，请提问"你们对这个视频片段有什么问题"，或者"你发现印第安纳犯了什么错误"，这些问题能够很好地帮助学生了解质量和体积之间的差异。理想的学生提问包括：

- 袋子不应该大得多吗？
- 那尊雕像是纯金的吗？
- 他认为所有尺寸相同的东西都有相同的质量吗？

教学逻辑

印第安纳试图用一袋体积相等的沙子取代一尊被认为是纯金的雕像，他认为所有尺寸相同的东西都具有相同的质量。通过在场景问题解决之前结束视频播放,可以让学生预测解决方案并确定沙袋应该"有多大"。接下来是以学生为主导的关于质量、体积和密度的课程。虽然这是一个虚构的场景,但这一场景迫使学生们直面关于质量和体积的误解。使用沙子和各种固体金属物体可以很容易地复制类似的情况。

激发方法3:展示令人惊讶的结果

科目:代数

主题:线性方程

现代化教学技术

向学生展示下面的图像,并说道:"当你看星星时,你正在看过去!"如此的说明会引起他们的好奇心,并"展示令人惊讶的结果"。

当你看星星时,你正在看过去!

教学步骤

在线性方程单元课程开始之前，向学生展示图片并阅读上面的有趣问题。如果没有人提出问题，请提问"你们对此说明有什么问题"。理想的问题包括：

- 距离我们最近的恒星有多远？
- 光的传播速度有多快？
- 当我们看月亮或只看星星时，我们是在回顾过去吗？

教学逻辑

天空中有光线，可能是来自月球、行星或者是星星，这些都是学生们日常生活中常见的一部分。因此，"当你看星星时，你正在看过去"，这个说明是令人惊讶的，并且可以立即让学生产生认知失调感。学生感知世界的方式与实际运行方式之间的紧张关系可以使信息差距变得显著，并激发自发的好奇心。在学生们讨论了光速之后，可以尝试解出光从月球、星星等到地球上的观察者需要的时间。理想情况下，对于线性方程，特别是距离=速率×时间，将出现学生推动课程进展的情况。

现代化教学技术使用步骤

- 搜索引擎中的图片搜索功能

第1步：在搜索引擎的图片搜索中搜索"星星"。

第2步：选择"免费使用或分享，甚至用于商业用途"的相关图片。

第3步：选择你喜欢的图像，单击右键，然后选择"将图像另存为"。

创造力的艺术

每当我与教师同行们分享我对这些方法的热情时，不可避免地会出现以下问题："你是如何找到激发好奇心的工具的？"激发学生好奇心的教学逻辑总能引起我的同事们的共鸣，但在发现和修改可以有效地使信息差距变得明显的现代化教学技术时，他们感到棘手。

我对这个问题的回答总是有两点。

第一，我的回答涉及授课和计划。我理解在传递信息之前设置激发学生好奇心的任务对作为课程设计者的教师提出了新的挑战，大多数教师都熟悉的工作过程是设计能够实现某些学术成果的授课（例如达到标准或在评估中做得好）。在某些方面，以激发好奇心为目的来设计课程与此是类似的。尽管如此，还是需要一种范式转换，这对教学计划组织提出了挑战。从设计教学到创造学生渴望的教学情境，这种转变是微妙但又非常不同的，这是一项需要教师表现得更像艺术家而非规划者的转变。在我看来，这种观点改变了我们作为教师看待世界的方式，为我们的职业增添了新的快乐、创造力和激情。每当我在互联网上看到激发我兴趣的东西，或者引发我的疑问的电影或新闻片段，以及偶然发现现实世界中有趣的东西时，我总会问自己：这个工具可以被修改用来激发学生的好奇心吗？

过去，类似的事似乎很平常，从未从我的生活中脱颖而出，用来改变我的教学。但当专注于在课堂上创造激发好奇心的机会时，我在世界上看到的一切都披上了一层教学设计的外衣！我曾在观看《火星救援》（The Martian）的过程中走出了电影院，因为我需要记下一些方法，以便我可以利用一个特定的场景在化学课上激发学生的好奇心。想法无处不在，你只需简单地环顾四周——这就是我给那些努力寻找激发好奇心的工具的老师们提供的第一条建议。注意周围的世界，它将为你呈现无穷无尽的能够激发学生好奇心的工具。

想法无处不在，你只需简单地环顾四周。

第二，我的回答涉及收集媒体的方法，这些媒体用来激发学生对课程的好奇心。一旦找到工具，就要有一个系统来捕获这些工具，并

将其存储在一个组织良好且可供其他教育工作者使用的中心位置。最重要的是，用于保存工具的系统必须简单且需要耗费最少的工作量。我已经探索了许多收集和存储想法的方法，包括利用书签网站、移动设备上的备忘录，甚至在笔记本上记下网站和视频节目的名字。我刚才描述的每一种方法，以及我过去解锁的无数其他随机系统都起了作用，但它们似乎从来没有像我想要的那样简单和高效。随后我发现了两个应用程序：If This Then That和Pocket。

If This Then That（ifttt.com）允许用户组合在线应用程序，如YouTube、Google Drive（谷歌云端硬盘）、Dropbox、Blogger、Facebook、Twitter等，并创建小程序。小程序是以因果方式连接两个不同应用程序的触发器，通常还可以创建出一个结果。例如，小程序可能是："IF我发布推文，THEN将推文发布到Facebook上。"If This Then That的选项似乎无穷无尽，在第一次使用时，其所有的变化和潜在用途都让我感到害怕。但随后我有了一个主意：我可以使用If This Then That创建一个自动存储媒体工具的触发器！

为了创建触发器，我首先限制了我用于图片和视频的在线工具。关于视频，我只允许自己使用YouTube作为媒体渠道。这个决定让我能够创建一个强大的用来激发好奇心的触发器：如果我喜欢YouTube

上的视频，那么我只需点击计算机或移动设备上任意YouTube视频上的"点赞"（thumbs up）按钮，即可将视频链接和说明传送到谷歌云端硬盘中。当视频信息储存在谷歌云端硬盘中时，我可以与同事甚至在我的博客上分享这些信息，并以此传播激发好奇心的方法！我每周整理一次我的谷歌云端硬盘并思考我存储的视频，选择其中一个有用的来开始剪辑，将其作为我在课堂上用来激发好奇心的工具。

If This Then That的使用说明

第1步：在ifttt.com上创建一个账户，然后单击"New Applet"（新的小程序）。在小程序制作页面上，单击"+ this"。

第2步：选择要用作触发器的服务。在本示例中，我们将使用YouTube作为触发器。如果这是你第一次同时使用IFTTT和YouTube，请按照网站上的说明操作，以允许IFTTT与你的YouTube账户建立连接

（注意：你需要一个YouTube账户才能实现此目的）。

第3步：点击"New liked video"（新点赞的视频）来设置触发器。

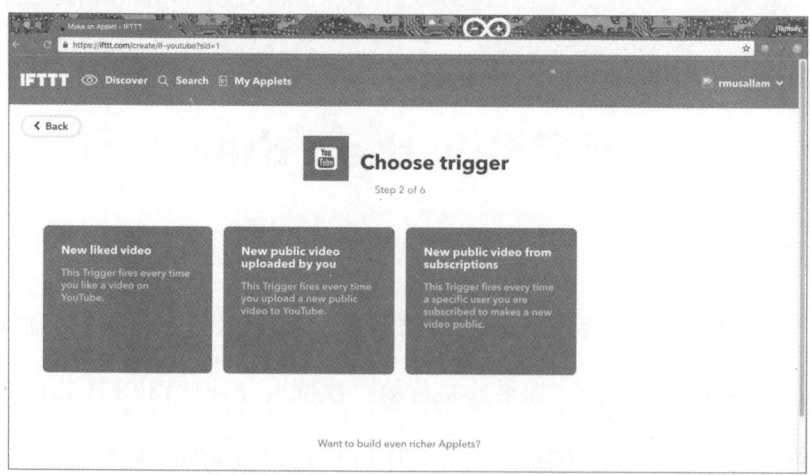

第1章 | 把学生好奇心放在第一位

第4步：接下来，单击"+ that"以设置所需的结果。

第5步：从服务选项中选择谷歌云端硬盘（同样，如果这是你第一次将谷歌云端硬盘与IFTTT同时使用，则必须允许连接服务）。

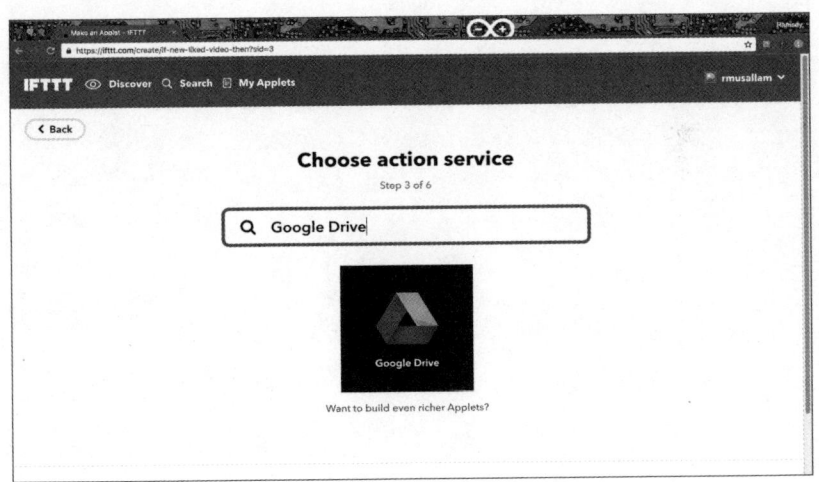

051

第6步：点击"Add row to spreadsheet"（将行添加到电子表格中）。下一屏将允许你在谷歌云端硬盘上命名电子表格和所需的文件位置。单击"Create Action"（创建操作）。IFTTT上的最后一屏将允许你查看自己创建的触发器。单击"Finish"（完成）以完成该过程。

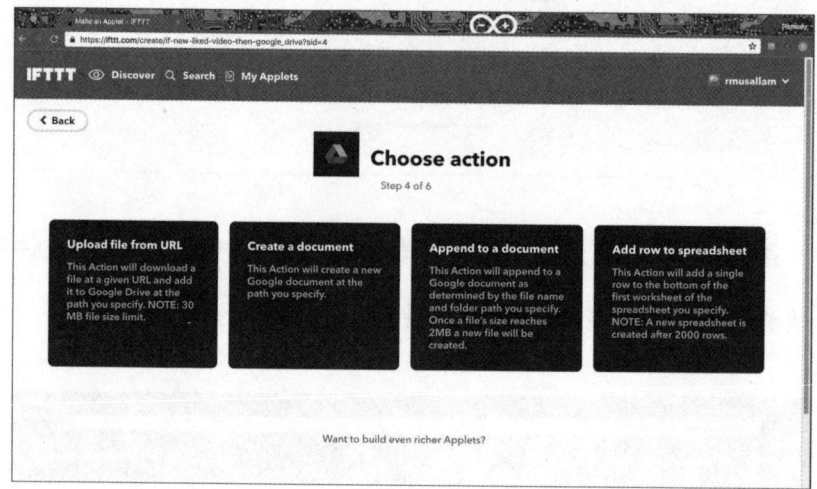

第7步：转到YouTube并"点赞"（Like）一个视频。

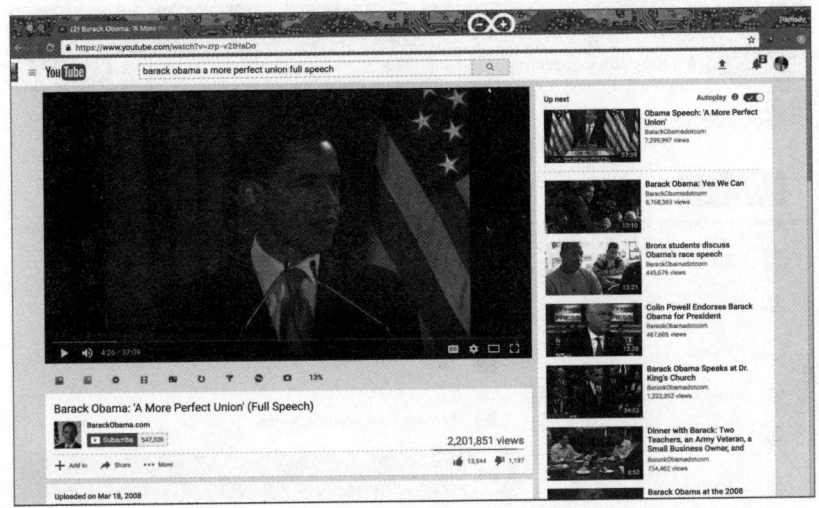

第8步：导航到你谷歌云端硬盘中的IFTTT文件夹。

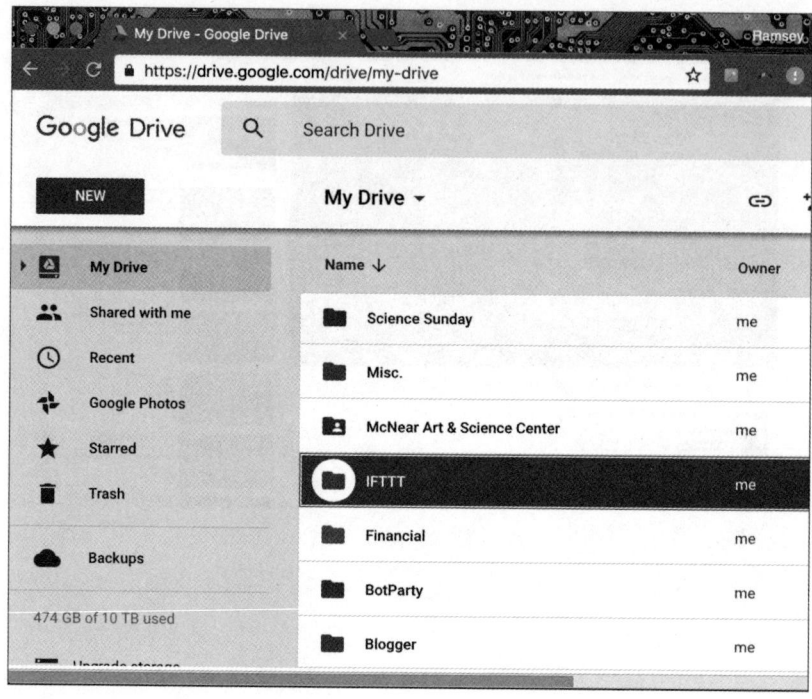

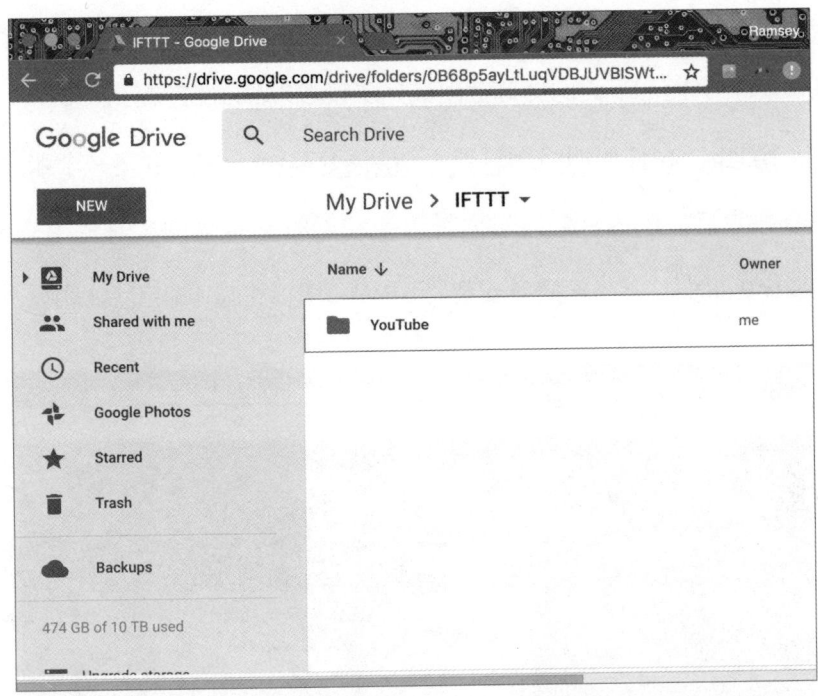

Pocket保存图像的使用说明

与储存视频一样，我想查找一些可以用来激发自发好奇心的图片，并将它们存储在一个有组织的、易于访问的地方。与YouTube非常相似，只需单击一下按钮，该系统就能够与任何网络浏览器配合使用。为此，我使用了名为Pocket（getpocket.com）的应用程序。Pocket可以在任一网络浏览器的工具栏上创建一个可识别的按钮，并从任一支持因特网的设备上访问另一个网址来保存、标记和组织这些网站。

与存储在谷歌云端硬盘中的视频非常相似，我可以与其他合作者共享"Pocket"页面。下面的屏幕截图概述了设置Pocket的过程。

第1步：在任何网络浏览器上访问getpocket.com并创建一个账户。拥有账户后，Pocket会询问你是否要在网络浏览器的工具栏上安装Pocket Extension。当你同意安装时，Pocket图标将显示在工具栏中。

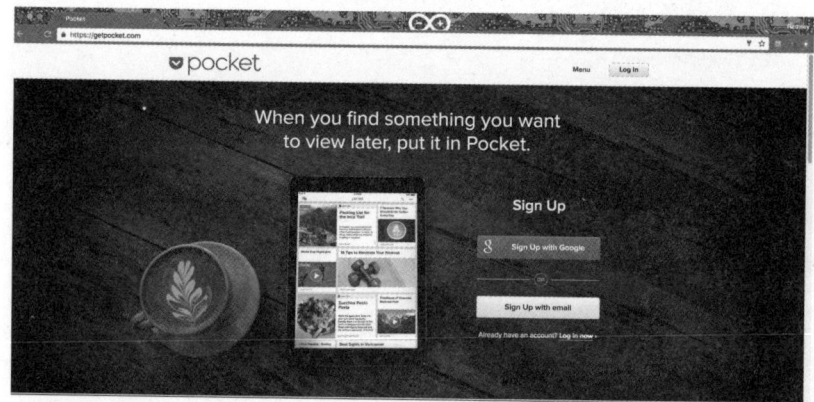

第 1 章 | 把学生好奇心放在第一位

第2步：要保存带有媒体工具的网站，请单击浏览器工具栏中的口袋图标。

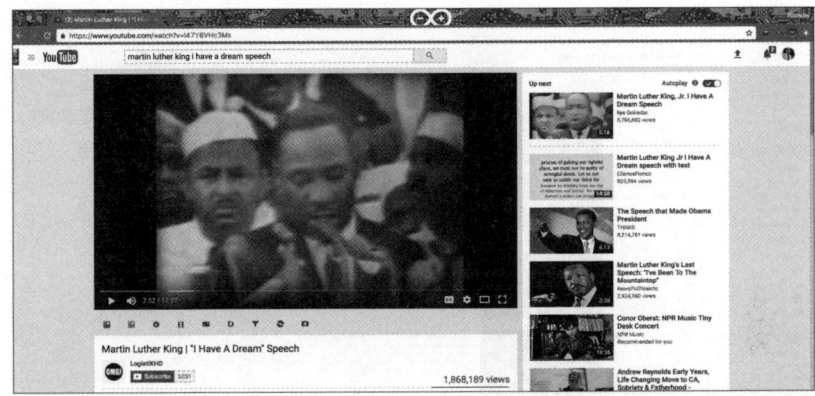

第3步：创建一个标签，以便为以后的课组织自己的图像工具。

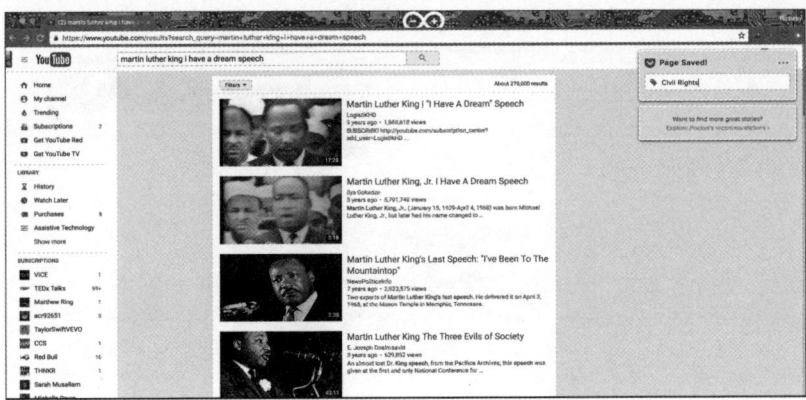

第4步：要查看已保存的工具，你可以访问getpocket.com或只需单击三点式菜单并选择"打开Pocket"（Open Pocket）。

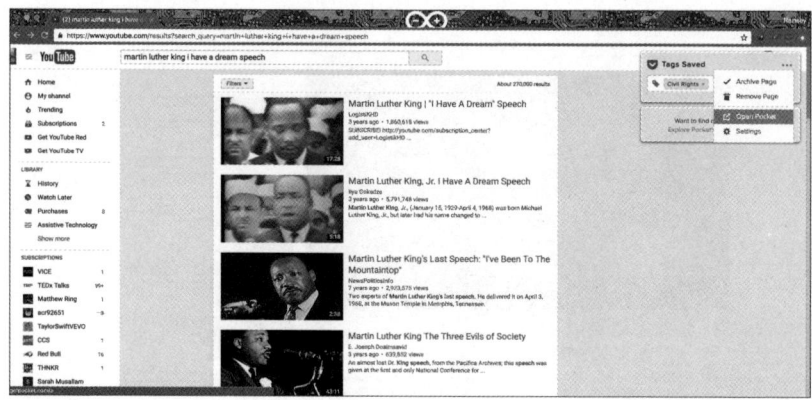

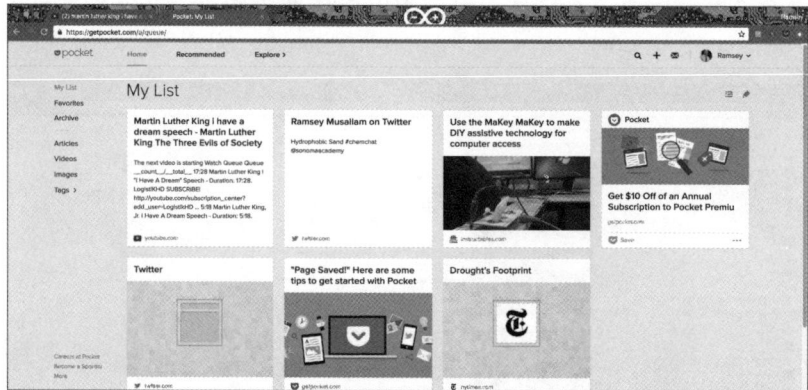

创建激发好奇心的有效工具

使用前面的示例作为参照，使用下面的模板设计你自己的自发好奇心激发工具。请记住，我们的目标是在保留和提供信息之间找到平衡点，以便让学生在图1.1中找到属于他们的最佳位置。始终尝试激发学生对你教授主题的自发质疑，一旦好奇心被激发，随后的教学将自然而然地发生。

激发方法1：保留部分信息

描述：为学生提供与教学内容有关的资料，战略性地删除一些信息。

目标：激发对该主题基本要素的质疑。

学科：＿＿＿＿＿＿＿＿＿＿＿＿＿＿＿＿＿＿＿＿＿＿＿＿＿

主题：＿＿＿＿＿＿＿＿＿＿＿＿＿＿＿＿＿＿＿＿＿＿＿＿＿

现代化教学技术：＿＿＿＿＿＿＿＿＿＿＿＿＿＿＿＿＿＿＿

＿＿＿＿＿＿＿＿＿＿＿＿＿＿＿＿＿＿＿＿＿＿＿＿＿＿＿

教学步骤：＿＿＿＿＿＿＿＿＿＿＿＿＿＿＿＿＿＿＿＿＿＿

＿＿＿＿＿＿＿＿＿＿＿＿＿＿＿＿＿＿＿＿＿＿＿＿＿＿＿

＿＿＿＿＿＿＿＿＿＿＿＿＿＿＿＿＿＿＿＿＿＿＿＿＿＿＿

教学逻辑：_____
_____
_____
_____

现代化教学技术使用步骤：_____
_____
_____
_____

激发方法2：让学生预测解决方案

描述：为学生提供与教学内容有关的资料，通常是提前结束的音频或视频片段。

目标：激发学生询问该片段中的问题是如何被解决的。

学科：_____

主题：_____

现代化教学技术：_____
_____

教学步骤：_____
_____
_____
_____

教学逻辑：_____
_____
_____
_____

现代化教学技术使用步骤：_____
_____
_____
_____

激发方法3：展示令人惊讶的结果

描述： 为学生提供与教学内容有关的资料，通常是图像、视频剪辑片段或阅读材料，其结果往往令人惊讶、困惑或震惊。

目标： 在寻找更多解释该现象的细节的过程中激发质疑。

学科：_____

主题：_____

现代化教学技术：_____

_____

教学步骤：_____

_____

_____

_____

教学逻辑：_____

_____

_____

_____

现代化教学技术使用步骤：_____

_____

_____

_____

_____

要点总结
第1章 把学生好奇心放在第一位

- 好奇意味着意识到"信息差距"。
- 当你掌握了关于某个主题的所有知识时,你并不会像现在一样充满好奇心。
- 如果你对某个主题一无所知,那么你就不会那么好奇。
- 当战略性地隐瞒信息时,就会达到激发好奇心的"最佳位置"。
- 最强烈的好奇心产生最大的认知能力。
- 激发学生自发的好奇心对于任课教师来说是一种有用的策略。
- 缺少信息、期待和惊喜会激发自发的好奇心。

第2章

Embrace the Mess

勇于接受课堂上暂时的无序状态

> 试验和错误可能是我们每天在课堂上所做工作的重要部分。
>
> ——TED演讲《激发学生学习兴趣的三条法则》

将无序状态和有序教学完美结合

这是我手术结束后回到课堂的第一个学期。一个和往常一样的周二晚上,我精疲力竭,身上满是粉笔末、可擦除的马克笔印、小苏打粉和其他一些东西,这些是在我帮助高中二年级学生学习化学时不知怎的弄到我衣服上的。晚上七点左右我走到车旁(比我答应我妻子离开的时间晚了几个小时),虽然我仍然不确定,根据我制定的新法则,

第二天的课程安排是否完美,但我也是时候回家了,因为从旧金山的学校开车到我在索诺玛县的家需要一个多小时。在走向停车场的路上,我的内心都在重复一些消极的声音:

你是一个工作狂!

你这人怎么回事?

这就是为什么你心脏有问题!

你只是老师!

你为什么这么努力?

你想达到什么目的?

永远不会是完美的!

你应该把你的高学位用在别的职业上!

如果你选择了与现在不同的职业,你就不必在两个地区之间奔波谋生。

如果我的课程计划不完美,我将如何养家?

心脏手术后,你应该是一位更优秀、效率更高的熟练教师!

我想我会在明天早出发一个小时以完成我的课程计划……

我开出学校的停车场,准备开车穿过金门大桥,为湾区的晚间交通做准备。我打开了NPR(美国国家公共电台),试图平息那些消极的声音。

我听到广播里传来我最喜欢的电台节目主持人的声音:"嗨,大家好,我是特里·格罗斯(Terry Gross),这里是《新鲜空气》(Fresh Air)!"我很兴奋,然后一瞬间,我又气馁了,因为回家途中听到《新鲜空气》的广播意味着这又是一个深夜。又一个晚上我没有对四个孩子说晚安,又一个晚上我要向妻子解释为什么这么晚回家。即使已经教学16年,并且经历过从健康危机中收获更多生活力量的转变,我似乎仍然无法平衡好工作和生活。

格罗斯继续说:"今天的嘉宾是《每日秀》(The Daily Show)的主持人,乔恩·斯图尔特(Jon Stewart)。"

我是这个节目的忠实粉丝,知道这是斯图尔特那一周最后一期节目,于是我调高音量想听得更清楚些。我被格罗斯平静而有趣的审讯式主持风格所折服。采访一开始照常是主持人和嘉宾叙旧,并说一些有趣的事情。随后,我就好像被大量的砖块击中一样,斯图尔特说的一些话好像突然让我想到了什么,我把车停下来并在我的课程计划中奋笔疾书。

格罗斯询问斯图尔特的节目准备策略:计划得很精细,不知疲倦地反复回顾每日新闻,多加排练笑话和媒体插曲的使用,创造它们登场的合适时机，借此使节目成为艺术品。对观众来说，如此自发的东西实际上没有一个（或至少很少）是自发的，一切都需要规划和注重细节。用斯图尔特的话说，"正是通过紧凑的结构，我发现安全性具有创造性"。

正是通过紧凑的结构，我发现安全性具有创造性。

这是我一直想知道的事情！斯图尔特在舞台上主持节目时，看起来很镇定熟练，像是演练了多遍，却又很真实，很富有创意！作为一名教师，我总是忍不住反思每节课上必须展示的一些计划。一想到斯图尔特的工作和表演时的压力，我就立刻感到焦虑。我知道创建如此受欢迎的有线电视节目需要周密的规划，但斯图尔特一语中的地将创造力和结构之间进行复杂关联的能力，就像尼尔·杨（Neil Young）的歌词用几个精心组织的词语就承载了沉重的人类情感那样震撼到了我。

斯图尔特所指的结构是什么呢？从我的外科医生的心态和实践中，我注意到了一种强大的模式。这种模式使两个看似不同的实体联合起来：结构和创造力。创造力通常被视为来自自发性、无序与混乱，它与"结构"这个词的结合让我着迷。

我停车，拿出了我的课程计划本，把这条新法则潦草地写在这个本子的首页，并且一边听广播一边做笔记。

在101号公路的紧急停车带上，我意识到20分钟前我在停车场感觉到的疲惫被对我的第二条法则的错误解释放大："拥抱无序。"正如前一章所显示的，好奇心作为一种教学结构，它是有形的、具体的，是一种有序教学。在研究文献的基础上，可以使用明确的策略来管理学生的信息差距，这些差距可以作为良好教学的窗口。但与好奇心不同，我记下的第二条法则也就是课堂上随之而来的暂时的无序状态，就不是那么明显可操作。

虽然我已使用翻转课堂的教学方法对课堂完全进行了翻转，但我仍然每天一节课一节课地埋头苦干。我有三条新的教学法则，却没有任何整体环境来使它们成长和蓬勃发展。激发好奇心已成为我新的教学激情。虽然我认为学生质疑和开放式实验所导致的课堂无序状态有意义，但也的确给我带来了困难，让我觉得难以管理。学生好奇心增加意味着我需要回答更多的问题，而我可能不知道答案；他们渴望探索概念或进行活动，而我可能不能辅助他们。这些好奇的学生创造了一个我没有经验来促进的课堂动态。总而言之，我将培养出好奇的学生，而我却没有合适的"结构"来支持他们的好奇心。

随着节目告一段落，我重新开到车道上并穿过金门大桥，在这期间我一直质疑我想要应用于教学的新方法：正是通过紧凑的结构，我发现安全性具有创造性。

延迟教学法的重要性

我知道我还有更多的工作要做，但我也感受到了继续为法则创造环境的方向感和动力。我想到了其他演艺人员、喜剧演员、作家、电影制作人。作为各类文学和电影作品的忠实粉丝，我却直到这一刻才想到了讲故事的人和老师的目标之间的明显联系。总而言之，乔恩·斯图尔特是一个讲故事的人，是一位艺术家，他在《每日秀》上的目标是为观众创造娱乐。而且，像教育工作者一样，他的心里也有为自己的观众设定的一个特别目标。教师可能不会将自己视为艺人，但他们计划课程的目的是创造一种定向的意义感。我越思考斯图尔特的评论，就越清楚地看到斯图尔特所指的"结构"并不是《每日秀》所独有的。这是一个更普遍的循环，是所有类型的"讲故事活动"所固有的。

不禁想到了已故作家大卫·福斯特·华莱士（David Foster Wallace）。华莱士是一位多产的作家，也是我的文学英雄，他的小说《无限诙谐》

(*The Infinite Jest*) 以其令人生畏的长度、详细的脚注和同时吸引读者的能力挑战了传统散文。华莱士曾谈到过他的创作过程：

"伟大的故事和伟大的笑话有很多共同之处，它们都会删除一定数量的重要信息，并以这种方式引发接收者内部的联系爆炸。"

华莱士假设了一种明显而低调的联系，这种联系存在于我们阅读一本好书时的感受，我们期待最喜欢的电视剧的下一集时的感受，或者强烈关注年度最佳电影的高潮时的感受中。作为一名教师，我最想让我的学生体验到"……一种联系爆炸"。

对好奇心的研究提醒我们，就像华莱士提到的"伟大的故事和笑话"一样，所有引人入胜的故事都有一位指导者，而我们推迟了对这位指导者的介绍。指导者的到来是为了回应故事中的差距，他的智慧提供了必要的工具，使故事中的英雄有能力用新的信息、新的视角、不可能的道路和艰苦的评估武装自己。正是在这些时刻，联系爆炸发生了。

我想让你思考一下是否有精彩绝伦的故事、电影、笑话或者引人入胜的传说是指导者在开篇就出现了。如果尤达出现在《帝国反击战》(*The Empire Strikes Back*) 的前10分钟，你能想象到这部电影将如何继续发展吗？如果在《空手道小子》(*The Karate Kid*) 中，宫城先生在一开始就将丹尼尔置于他的羽翼之下，那接下来会发生什么？或者，如果在马特·戴蒙（Matt Damon）和本·阿弗莱克（Ben Affleck）令人痛心的成年杰作《心灵捕手》（*Good Will Hunting*）中，罗宾·威廉斯（Robin Williams）饰演的角色心理顾问肖恩在与威尔第一次会面中就帮助他直面内心斗争，那接下来的剧情又该如何展开？

为了验证上述观点，我们必须看看上述每部电影中指导者首次出现的时刻，以及他们被介绍给主角的背景。

这些故事中的每位指导者都会在电影开始40多分钟时出现。他们的到来是为了回应主角内心的重大信息差距。卢克需要学会使用原力，丹尼尔需要学会自卫，威尔需要学会增强自我意识。尽管每位指导者在电影中出现得较晚，但他们都扮演了一个电影中的英雄主角在很大程度上依赖的角色。

作为教师，我们经常忘记等待的重要性。我们总是认为，如果我们提前提供足够的基本信息，我们的学生就会拥有相应的学习策略，能够应对我们向他们提出的挑战。虽然这很有道理，但我们常常忽略一个重要问题：我们的学生是否需要我们提供的学习策略？

当学生准备就绪时,教师再出现

尤达首次出现在《帝国反击战》中的时间是47分15秒

背景:卢克天行者受到欧比旺·克诺比的指引,向尤达寻求指导,以了解原力的使用方式。

宫城先生第一次出现在《空手道小子》中的时间是40分56秒

背景:宫城先生神秘地出现,就像丹尼尔被眼镜蛇凯空手道道场成员袭击一样。

肖恩第一次出现在《心灵捕手》中的时间是41分19秒

背景:肖恩被要求担任威尔的治疗师之后,其他一些人试图让他失败。

等待——推迟指导者出现的做法并不否定或挑战直接教学的需要,相反,这会迫使你更有意识地决定何时应用直接教学。这种范式转变将讲课视为在"填泥料"而不是"涂颜料"——识别和填补学生的知识空白,而不是将学生视为空白画布。

这种领悟证实了我促进学生利用自发好奇心时所取得的初步成功。与此同时，我知道我需要一个新的结构，以便我和我的学生能真正接受学习中的暂时无序状态。或者，正如斯图尔特雄辩地指出的那样，我需要找到一种能够支持"安全创新"的结构。人们只需看看约瑟夫·坎贝尔（Joseph Campbell）的《英雄之旅》（*The Hero's Journey*），就能感受到在任何伟大故事的结构中推迟指导者出现的普遍程度。

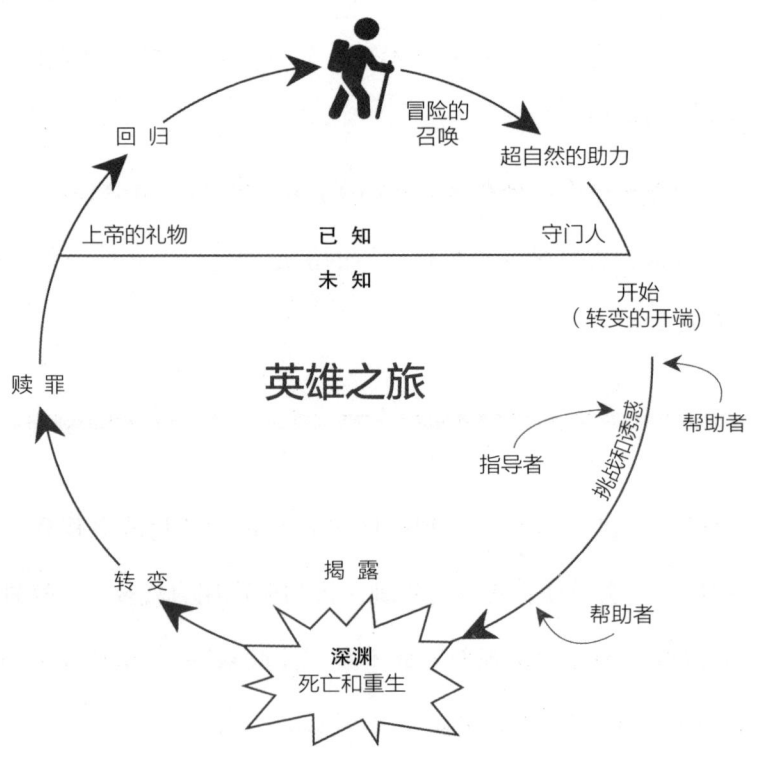

―――――――――――――――――

等待——推迟指导者出现的做法会迫使你更有意识地决定何时应用直接教学。

―――――――――――――――――

当我仔细地看上页的图时，我再一次想起了我的外科医生，他的"冒险的召唤"包括对与复杂的心内直视手术相关的挑战性细节进行对抗。"指导者"是那些在整个过程中作为他的合作者和教师的人，他在获得和开发新技能时经历了"挑战"。最后，他的"转变"发生在他成功完成手术，并成为一名掌握新手术实施方法的专业人员时。当我看得更仔细时，我不仅看到了我这本书的三个关键词：好奇心、无序、反思，还看到了如何为第二个法则创建一个结构。

如何利用5E学习周期制订课程计划

如果我们将学生视为英雄，将我们的课程计划作为他们的冒险旅程，那将会发生什么变化？为什么不能像看待奥德修斯从特洛伊战争中回归那样充满活力地看待化学计算呢？尽管如此，我认为教育类学校所接受的现代熟知的学习周期和《英雄之旅》的学习周期之间的相似之处不仅仅是一个奇怪的巧合。在将5E学习周期（这是许多教育类学院所接受的普遍形式）定位于英雄之旅的通用图表时，这种巧合就非常清楚了。推动任何英雄掌握知识技能和进行转变的一般顺序是应该出现在任何探究学习周期中的通用概念，旨在促进学生应用内容和进行学术转型，这是完全合理的。下一页的表格和图概述了《英雄之旅》与5E学习周期的结构之间惊人的相似之处。

我使用结合了《英雄之旅》和5E学习周期的结构，创建了一个新的课程计划模板。这个模板很好地提醒我，我正在"精心制作"而不是编写课程计划。教学中会出现无序和混乱，但在我为学生策划的旅程中，它们是推动学生前进的动力。整个旅程将在一个有意义的环境中激发最初的好奇心，"通过接受紧凑的结构，发现安全性具有创造性"，从而再接受混乱。以下示例的目的不是简单地优化学习周期，而是激发学生好奇心和促进他们的发现，这些会引起有意义的学习联系的激增。

《英雄之旅》中的"冒险的召唤"或5E学习周期中的"参与"将体现前面章节讨论的自发好奇心的激发。它被设计成一个结构，以帮助你提供激发自发好奇心的背景。我完全爱上了这样的课程计划。我从来没有告诉过我的学生，实际上我将每个学习周期都看成一场"英雄

《英雄之旅》	5E学习周期
冒险的召唤 ⟷	参与（Engage）
挑战 ⟷	探索（Explore）
与指导者见面 ⟷	解释（Explain）
转变 ⟷	延伸（Extend）
回归 ⟷	评估（Evaluate）

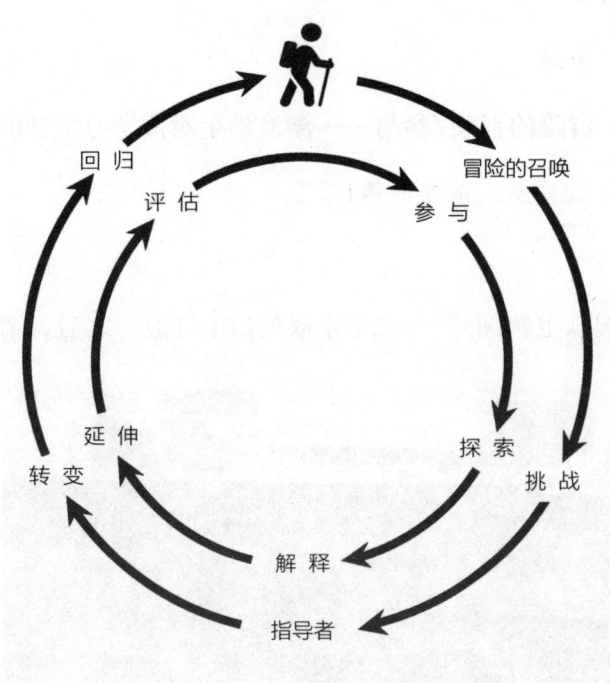

之旅"，以这种方式进行课程规划使我感到相当兴奋。这个示例给我提供了我正在寻找的紧凑结构——在课堂上以真正有创意、有针对性的方式接受暂时的无序。一天或者一节课的课程计划早已不复存在。现在，我从长远的角度来规划课程，让细节和无序处于强大的教学框架之下。

《英雄之旅》/5E学习周期示例

学科：物理学

学习主题：电路

第1阶段：冒险的召唤/参与——激发学生对该学习主题的自发好奇心（有关详细信息，请参阅第1章）。

教学步骤

展示湿软电路图片——2个串联的LED灯泡。之后，请学生使用

提供的材料重新创建图片中的线路（材料有：培乐多杯、带引线的9V电池、2个LED灯泡）。

期望的问题

- 你可以同时点亮多少个灯泡？
- 红线和黑线是否不同？
- 电池的能量是否通过培乐多杯？

第2阶段：挑战/探索——挑战任务迫使学生回答他们自己的问题和/或让学生意识到完成任务需要更多信息。

教学步骤

给学生的LED灯泡要多于3个。现在学生已经成功地点亮2个灯泡，让学生尝试挑战同时点亮5个灯泡而不使灯泡变暗。

注意：最初展示的图片中是点亮了2个灯泡，其目标是诱使学生以相同的形式点亮所有5个灯泡，但实际上5个灯泡不会以这种方式发亮。因此，学生将不得不发明一种新的点亮灯泡的方式。最终，一些学生会发现灯泡必须从培乐多杯处分开，而不是排成一列。在这样做的过程中，学生要么意识到需要新信息，要么发现他们将在学习周期中学到的新信息（串联—并联电路，见下页图）。

第3阶段：与指导者见面/解释——有针对性地讲课，与学生分享必要的信息和教学工具。

教学步骤

向学生展示以下图像，并将每个图像概念与第2阶段中湿软电路的对应部分相关联。"填充"必要的内容，如词汇（串联—并联电路）、方程式（计算串联—并联电阻）。

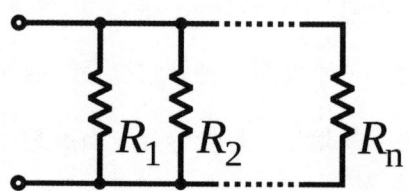

注意：如果你计划实施本课程却没有扎实的物理学背景，可以在此处找到相关内容的精彩解释：khanacademy.org/science/physics/

circuits-topic。

第4阶段：转变/延伸——提出一项新的挑战任务，要求学生扩展该学习主题的知识。

教学步骤

根据所提供的材料（9V电池和电池引线、1串圣诞树灯、剪线钳、热胶和纸板），使用包含串联和并联电路的纸板或泡沫板构建"电气房屋"，为你的房屋绘制并标记适当的电路图。

第5阶段：回归/评估——创建公共产品以展示学生收获的知识和成长。

教学步骤

给学生分配任务，让他们创建并发布一段教学节目，该节目概述了设计和计算电气房屋中电阻概念和定量的过程（有关使用教学节目作为教学工具的更多信息，请参阅附录）。

创建自己的英雄之旅/5E学习周期

学科：_____

学习主题：_____

第1阶段：冒险的召唤/参与——激发学生对该学习主题的自发好奇心。

教学步骤：_____

_____

_____

_____

_____

期望的问题：_____

_____

_____

_____

第2阶段：挑战/探索——挑战任务迫使学生回答他们自己的问题和/或让学生意识到完成任务需要更多信息。

教学步骤：_____

_____

_____

_____

_____

第3阶段：与指导者见面/解释——有针对性地讲课，与学生分享必要的信息和教学工具。

教学步骤：_____
_____
_____
_____

第4阶段：转变/延伸——提出一项新的挑战任务，要求学生扩展该学习主题的知识。

教学步骤：_____
_____
_____
_____

第5阶段：回归/评估——创建公共产品以展示学生收获的知识和成长。

教学步骤：_____
_____
_____
_____
_____

教学评估清单

根据上述示例制定学习周期后，我总是根据下面的问题清单来评估我的课程：

- 首先提供的情景是否可以激发学生对该学习主题的真实质疑？
- 是否让学生尝试为他们的问题提供解释？
- 我的课堂是在"填泥料"而不是"涂颜料"吗？
- 学生是否被要求在课堂上明确掌握特定技能、技巧和流程？
- 是否让学生挑战将内容扩展到新的更复杂的场景中？
- 学生是否需要制作公共产品以证明他们对教学内容的理解？

谷歌文档的使用说明

课堂上的无序状态与引发自主好奇心相关的有形教程相比，其可供使用的技术整合策略较难识别。尽管存在这种困难，但我发现通过使用简单的谷歌文档，学生可以利用学习周期跟踪自己的进度。这对教师和学生都非常有帮助。

在任何公开谷歌文档的地址末尾，通过使用/复制（/copy）替换/编辑（/edit），你都可以创建一个模板，这个模板可以被轻松地推送到每个学生的个人谷歌云端硬盘。然后，学生可以与教师分享该谷歌文件，教师可以在整个学习周期中监控学生的进度。这个简单的电脑技术省却了要求学生复制谷歌文件的额外步骤，也不需要更高级的脚本或程序来自动化该过程。

下面的屏幕截图概述了我设置用于每个学习周期的谷歌文档模板的过程。

第1步：创建谷歌文档。

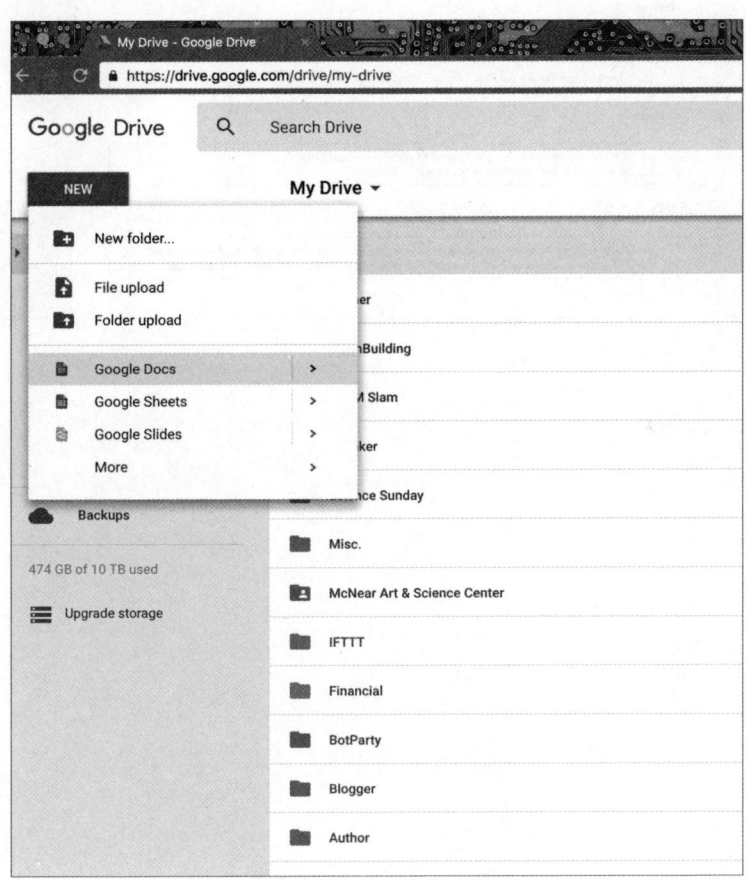

第2步：编辑文档以包含你希望学生记录的内容。

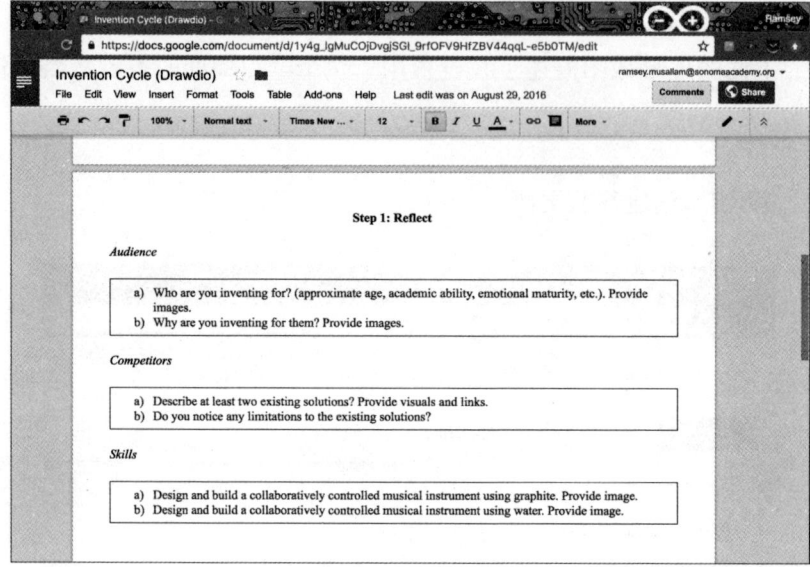

第3步：单击"共享"按钮将链接共享设置更改为"在网络上公开"（Public on the web）和"可以查看"（Can view）。

第4步：将文件的地址从/ edit更改为/ copy。

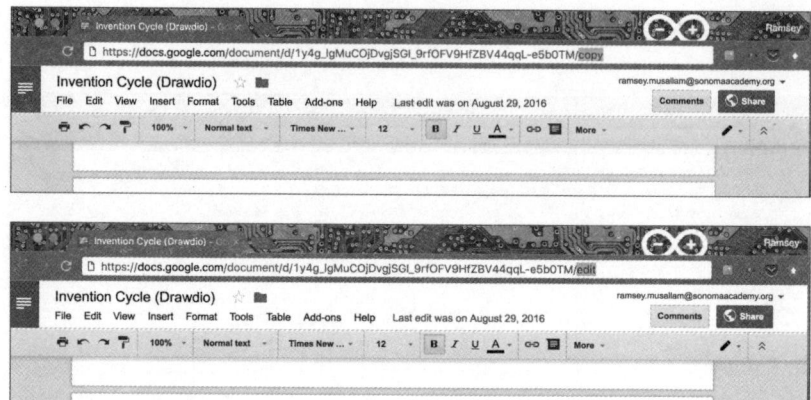

第5步：分享地址并指导学生"复制"。

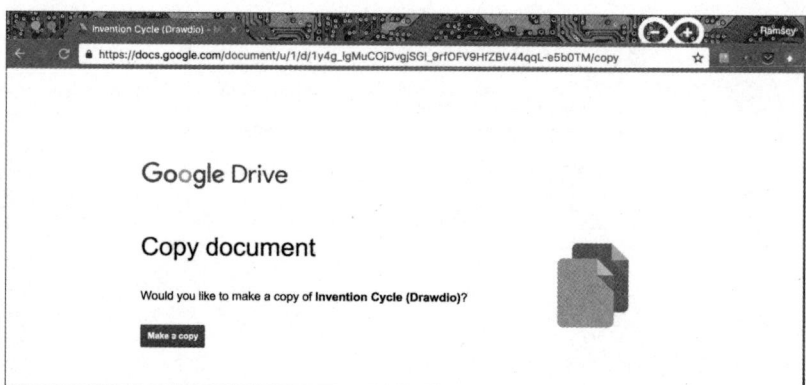

 **这种方法激发了学生们的好奇心吗?**

你可以在下方记下你的想法。

要点总结
第2章　勇于接受课堂上暂时的无序状态

• 当课程以学生的好奇心为指引时，在一定程度上，课堂注定会变得无序。

• 组织和利用不可避免的无序教学状态能够提供更多的学习机会。

• 约瑟夫·坎贝尔的《英雄之旅》提供了真正的通用教学结构。

• 5E学习周期的各个阶段与《英雄之旅》的各个阶段完美对应。

第3章

Practice Reflection

在反思中进步与成长

> 我们做的事很重要，值得我们关心，也值得我们改正。
>
> ——TED演讲《激发学生学习兴趣的三条法则》

具有变革性的反思是怎样的

"反思"在教育界已经成为一个多么令人讨厌而又过度使用的词，但常识告诉我们，在成长过程中，这个词是必不可少的，甚至是必需的。任何人，无论是教师还是学生，都要在反思中发展和成长。不仅要学会拥抱胜利，还要从失败中吸取教训。在教师的课堂或学生的实践中，反思显然是必要的。

对于我的外科医生来说，是否不断反思个人实践并学习他人实践（通过谈话和阅读期刊出版物）意味着生与死的区别。同样，作为教育者的我们是否能够利用结构和资源成长和发展，也可能决定着学生毕业后过的是碌碌无为的生活还是有着巨大变革的生活。然而，与我的外科医生所体现的博学的元认知行为不同，进行反思对我来说仍然是非常具有挑战性的。

我逐渐意识到，外科医生的反思与我们在博客、会议和教师在岗大会上的反思的实际区别在于对"高风险"概念的解释不同。我的外科医生在我的主动脉中进行了精细的缝合，实际上当时我的命就掌握在他的手上，与此不同的是，我们对学生的影响往往直到学生毕业几年后才能显现出来。

一位前同事将一根无形的线描述为"信仰的终极行为"，这根线将我们的课程计划与学生多年后的生活联系起来，这根线可能会给我们造成虚假的安全感。因为我们教学的直接影响是不可见的，所以在教学领域中，越来越满足甚至自满是非常普遍的。这种错误的安全感不会激励我们深入钻研更好的教学方法，而是诱使我们创建一套每年重复使用的课程计划。与此相反，我们应该从零开始设计成功的课程，以便尝试新的想法；我们应该听同事的课，这样我们就可以从别人的经验中学习并借鉴最好的想法。我们应该把这些想法和我们学到的东西全部真实地记在笔记上，我们应该将我们的教室视为手术室：一个既精细又强大的地方，生命会在这里有所转机。其实，我们也是学生，直到我们人生的最后一天，我们都（或应该）在成长和改变。

我记得我第一天当老师时，讲完化学课后，我给母亲打电话，告诉她我非常疲惫，并吹嘘说全班学生都听明白我的讲课内容了。她用一句话安慰我，我确信所有的新老师都听过这句话："我知道你现在感觉很难，但当你获得更多经验时，你就能够年复一年地使用你的课程计划。"这是一个无知但却充满爱意的评论，过分简化了教育者成长的复杂性。实际上，这句话描述的事实半真半假。

那么，我们如何像我的外科医生一样不断改善自身技能呢？正确的反思非常类似于激发自发好奇心的策略和《英雄之旅》/5E学习周期的框架，它需要一个可靠、前后一致的执行示例，这个示例比会议、在职会议，或教育博客圈的无数帖子更能指导我们。

正如在本书的前言中所分享的那样，从情感上来说，进行真实、诚恳的反思至少对我来说是具有挑战性的。我内心的声音呐喊道："骗子！"也许你在阅读匿名学生的反馈，在与一个更受欢迎的同事互动，在努力创建一个好的课程计划时，都听到了同样的声音。当那个声音悄悄响起时，你很难听不到，这就是为什么我认为反思必须反映出那些没有带着太多情感包袱的行为。我们必须努力保持连贯并将反思过程变得符合预期且必要，而不是令人震惊和恐惧。

我们必须努力保持连贯并将反思过程变得符合预期且必要，而不是令人震惊和恐惧。

在接下来的教学生涯中，我在课程计划书的首页上写下了新的教学方法，并设计了一种练习反思的模式，这使我能够进行更加真实有效的教学。在我讨论具体的方法和相关的策略之前，重要的是要注意三种行为，如果要想反思真的具有变革性，那这三种行为必须存在。

有效的反思必须：

连贯：纳入我们的日常课程计划。

诚实：通过真实、客观和直率的反馈获得。

相互：由学生和老师互相配合。

牢记这三种行为，你就会发现以下建议的反思策略非常简单，甚至过于简单。然而，每个策略的简捷性对创造一个连贯、诚实和相互的系统来进行可持续的反思来说至关重要。

我将这些策略分为两类：教师反思技巧和学生反思技巧。除此之外，我还提供了一些适用的相关现代化教学技术教程。

教师如何进行反思

在博客上公开反思

每节课后公开在博客上反思会迫使我直面哪些教学内容有效，哪些无效。这还将我与学校以外的同行联系了起来。尽管这是非常重要的，但在上了很长一天课之后，还坚持分享可能会像是一项很艰巨的任务。通过使用博客的"使用电子邮件发布"功能，我只需发送电子邮件即可快速同步到博客中。由于电子邮件可以无缝集成到所有智能手机设备中，因此这种策略可让我在走去开车、乘坐公共汽车或喝杯咖啡时快速进行反思。

现代化教学技术使用步骤

- 电脑
- 智能手机或平板电脑
- 博客

第1步：访问博客并创建新博客。

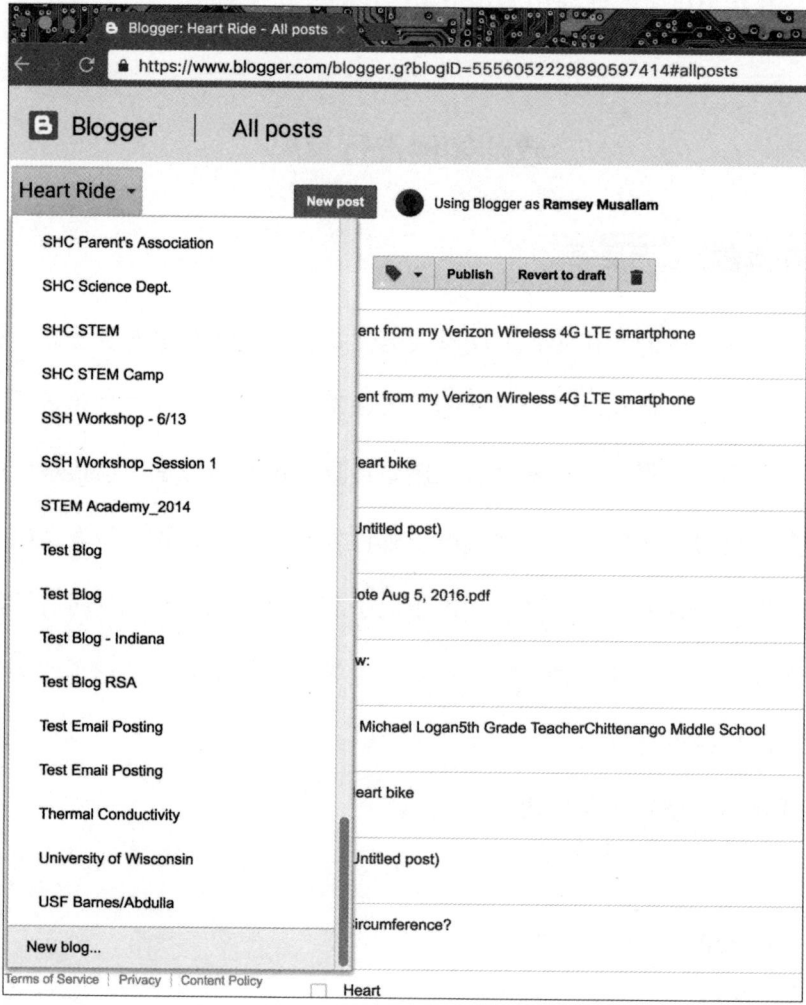

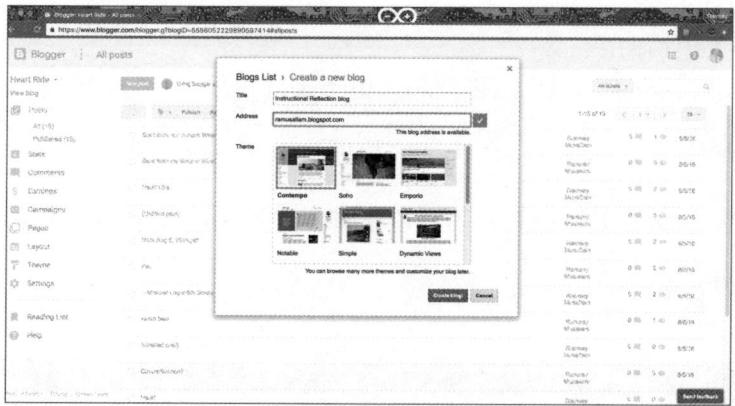

第2步：导航到"设置"（Settings），然后单击"电子邮件"（Email）。

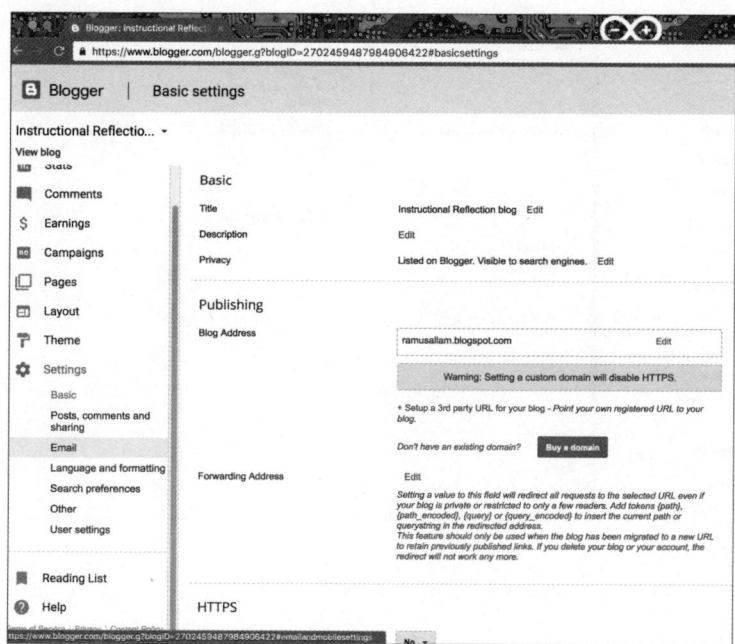

第3步：在"使用电子邮件发布"（Posting using email）下，添加"密码"（secret word）以创建私人电子邮件地址。当你向此地址发送电子邮件时，主题行将成为博客标题，电子邮件中包含的文本将成为博客文章的文本正文，附在电子邮件中的所有图片或视频都将嵌入到博客中。

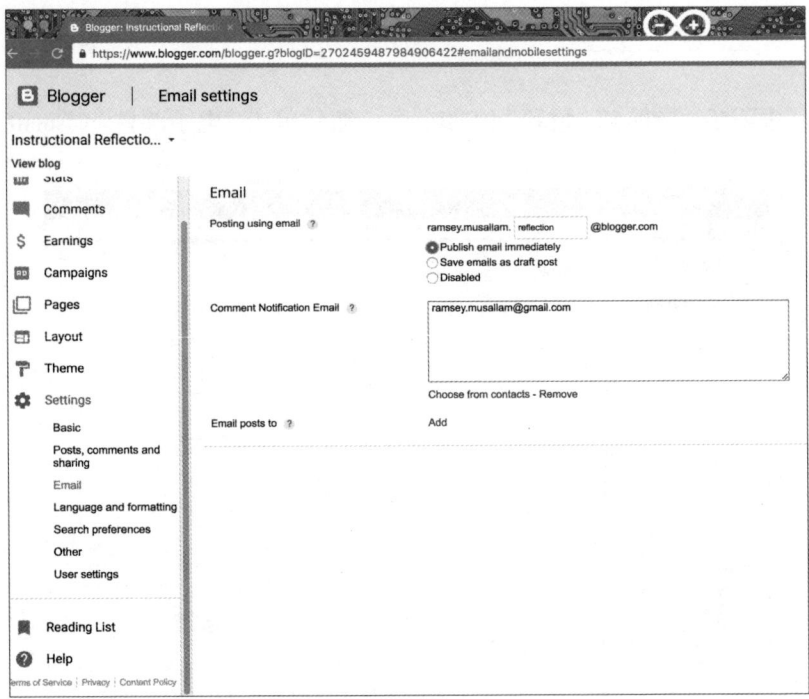

第4步：撰写并发送电子邮件到你选择的地址。在你的智能手机中将此地址保存为联系人，你就可以快速发送电子邮件并无缝地发布到你的博客。

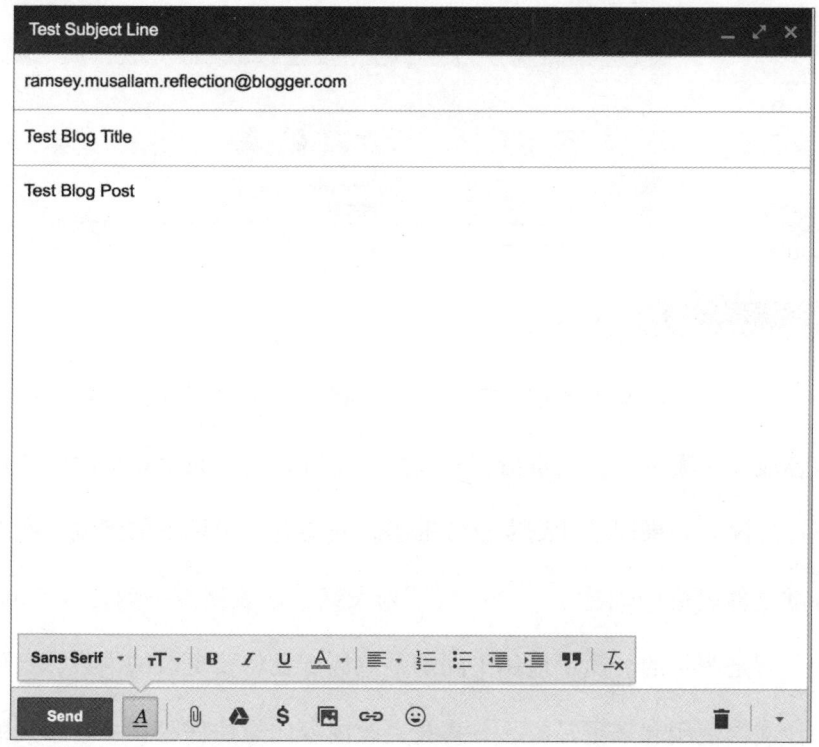

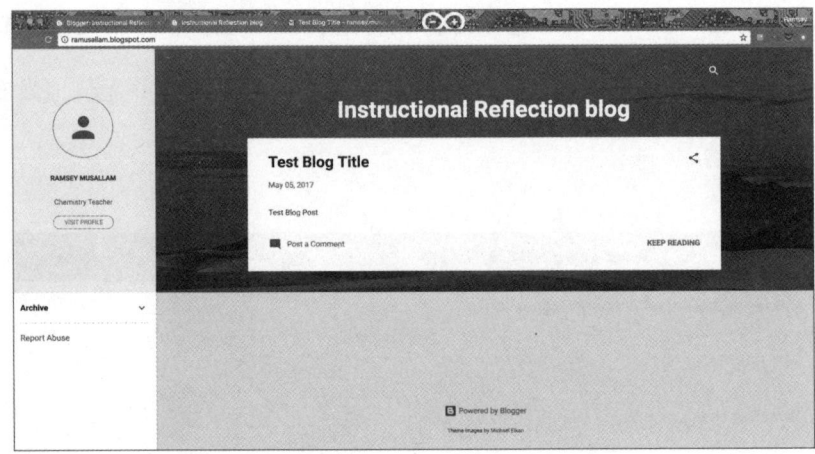

双课程规划

在我的学生走出教室后的那一刻，我才意识到课程计划中的哪些内容成功或失败了。当事情完全按照计划进行时，我会感到时间快得不可思议；如果课程计划完全失败了，我会有一种沉沦的感觉。我在谷歌文件表格中创建了一个课程计划大纲，该表格有一列是今年的，有一列是明年的。简单地用不同的颜色标记我将要更改的内容，这可以让文档使用起来更轻松，并将我更改内容的想法保存在一个常见的位置，以便进行反思和比较。

现代化教学技术使用步骤

- 电脑

- 智能手机或平板电脑

- 谷歌云端硬盘

第1步：创建谷歌文档。

第2步：创建一个表格，其中有两列包含"课程计划（今年）"和"课程计划（明年）"。添加大量的行，每一行写某一天的课程计划大纲。

第3步：在左栏中为当天的课程创建大纲。我通常会注意到我在《英雄之旅》/5E学习周期中的位置（见第2章），然后在我们的课堂网站上创建详细的计划，包括所需的链接和图像等。尽管第一步很简单，但在表格中进行规划不但可以帮助我在收集资源之前组织思路，而且可以帮助我查看我的课程计划周期"块"而不是每天的零碎片段。重要的是，它还为可持续和有意义的反思建立了一个很好的结构。我甚至和我的学生分享了这份文件，以强调反思过程对我们所做的一切的重要性。

SPARK
learning

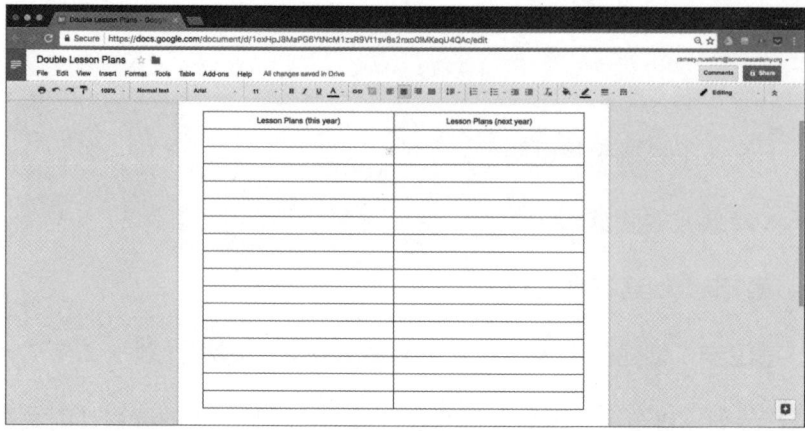

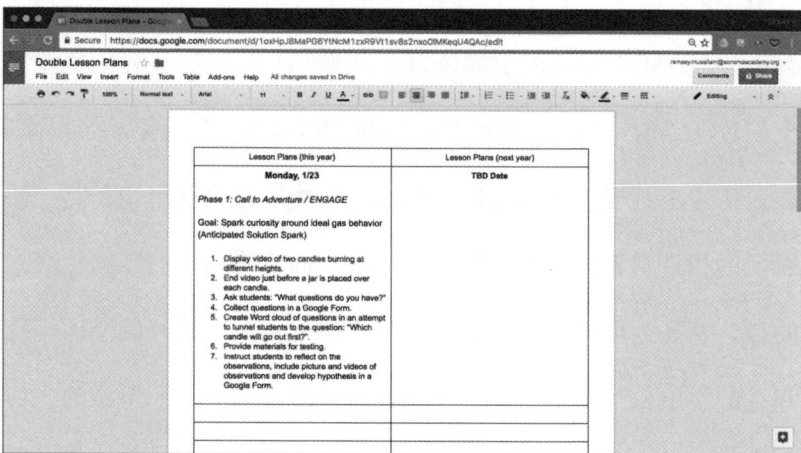

第4步：学生离开教室后，立即将大纲复制并粘贴到右侧的"课程计划（明年）"栏中。请注意将你所做的修改标红。在规划我第二年的课程时，本栏将成为左栏，我将密切注意标红的内容以进行调整。

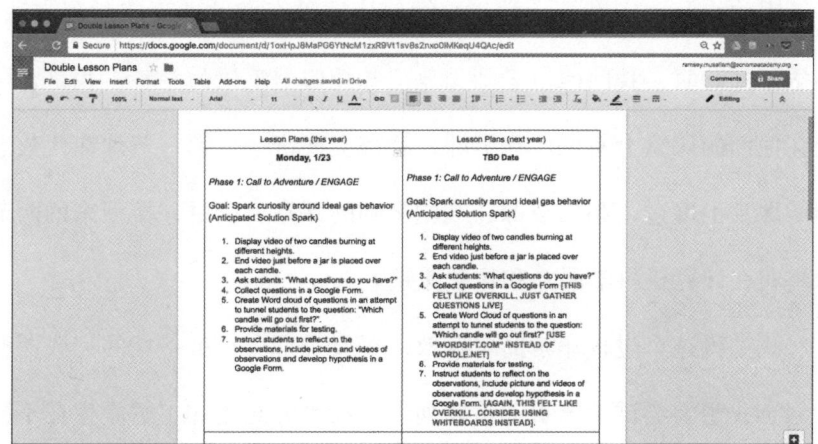

听其他老师的课

在过去的16年里，我尝试了许多不同的方法来充分利用我的备课时间。上一学年，我和一位教英语的同事在备课期间互相分享自己的课堂。我的同事说要是我能在他上课期间留在他的课堂上进行备课就好了，于是，最初只是节省时间的简单方法变成了一种变革性的体验。在这一整年中，我听了100多节英语课，从一个完全不同的角度和内容领域观察教学艺术。随着时间的推移，我开始思考自己的教学是怎样的，意识到了良好的教学应该是如何发生转变和彻底的变化的，对教学也有了更多样化的定义。最重要的是，这个意外收获的反思过程完全适应于我繁忙的日程，不妨碍我完成自己的课程计划。

因此，我决定在下一学年继续使用这种有效的非正式学习方法。在学年开始时，我问四位老师（他们教授四个不同的学科）我是否可以在他们的课堂上备课。每节课，我都会换班——第一节课在代数老师的课堂上度过，第二节课在戏剧老师的课堂上度过，接下来的两节课将花在计算机科学课堂和化学课堂上。

我觉得这个过程非常简单有效，每天我都会在准备期间完成课程计划和我想要尝试的宝贵的策略列表，我也因此更加了解学生在不同课堂上的表现和变化。

我鼓励你在另一位老师的课堂上备课。这里有一些值得思考的问题：如果学校要求教师在另一位教师的课堂上进行备课，或者如果每节课的备课地点都不同，那教学会发生什么改变？答案是，教师之间互相学习、互相帮助的风气就会自然而然地扎根在学校的文化中，教师再也不会被迫笨拙地作为一个不常见的人在课堂上走来走去，或仅仅为了完成必需的书面工作而去听课。

学生如何进行反思

思考三个重要问题

众所周知,传统的总结性评估,如个人考试、测验和课堂论文,对学生来说可能是很有压力的事情。此外,虽然有些学生考试进行得顺利,但其他许多学生则不断地用问题来对他们的老师狂轰乱炸,而他们是知道这些问题的答案或者是可以自己弄明白这些问题的。根据我的经验,出现这种提出太多问题的现象的原因往往是考试焦虑,而不是缺乏准备。虽然我对这种情况表示同情,但我总是很难回答太多的问题,因为我觉得我的回答反而会更多地促成和迎合他们的压力,而不会帮他们提高处理复杂情况的能力。

去年,我尝试使用了一个名为"思考三个重要问题"的方法,这彻底改变了学生在个人评估中提问的方式。这个方法引入了一定程度的学生自我反思,改变了我的课堂上的考试环境,使用起来也很简单!在每份评估材料的最开始,我打印出三个问号,学生可以在评估期间询问他们想要我解释的任何问题。每当他们提出一个问题时,我都会画掉一个问号,直到所有问号都被画完,他们就不能再问任何问题了。这样一个简单的方法极大地提高了我的学生批判性地思考他们的问题的能力，他们在潜意识里将问题分为重要的和不重要的两类。通过使用这个方法，学生从有压力转变为学会了批判性思维，提出的问题质量有所提高，更重要的是，他们的元认知技能得到了极大的提升！

将反思记录在共享表单中

在课程结束后，我尝试了许多促进学生反思的方法：课堂反馈问题纸条、无声日记和高点/低点等。虽然这些方法有时候有效，但没有一个真正能让我既有机会收集有意义的学生反思，又能同时实施学生问责制。开始使用谷歌表单后，不仅学生可以上传附件（如图片和视频），我也很容易获得作为教学依据的学生反思（包括媒体文件）。学生反思和上传的文件保存在同一张谷歌表单中，简化了审阅流程，并能有组织地将反思进行存档，以供将来进行参考。

现代化教学技术使用步骤

- 计算机、智能手机或平板电脑
- 谷歌云端硬盘

第1步：创建新的谷歌表单。

第2步：创建一个带有"段落"（Paragraph）回答空间的问题，然后单击"文件上载"（File upload）选项。

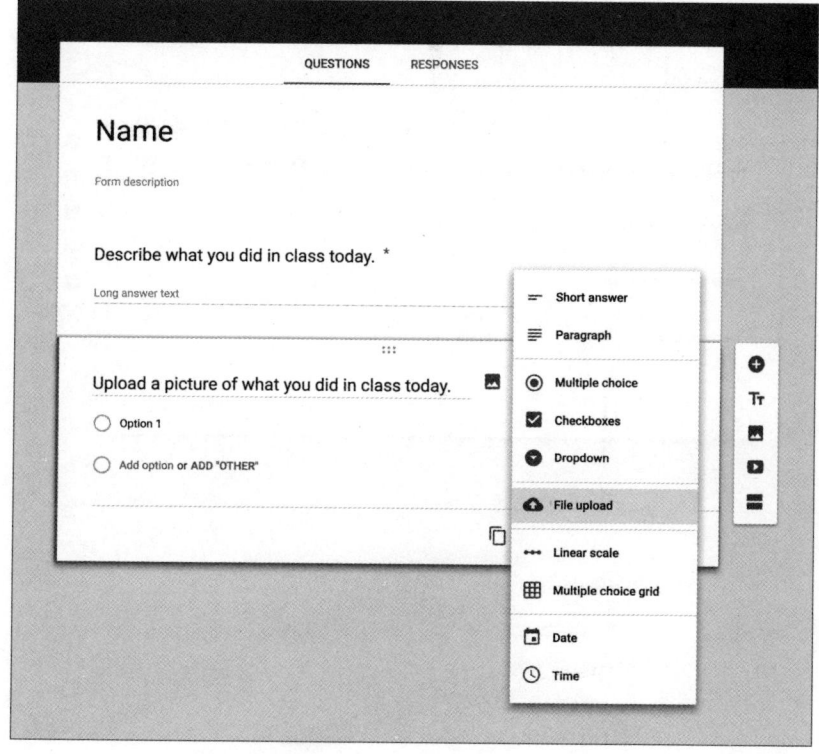

SPARK | learning

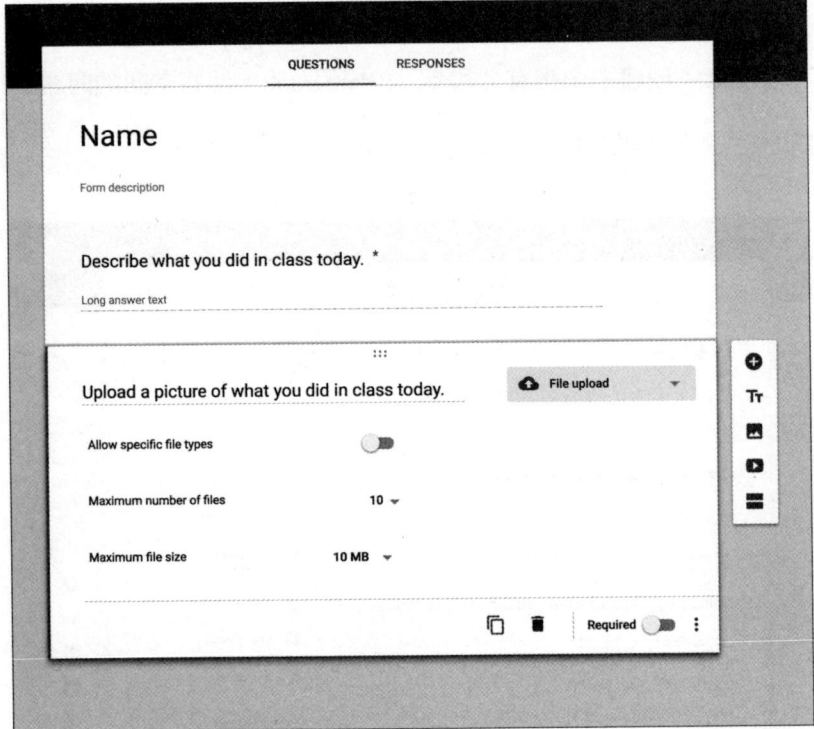

第3步：指导学生完成他们的反思并添加学习的媒体工具。

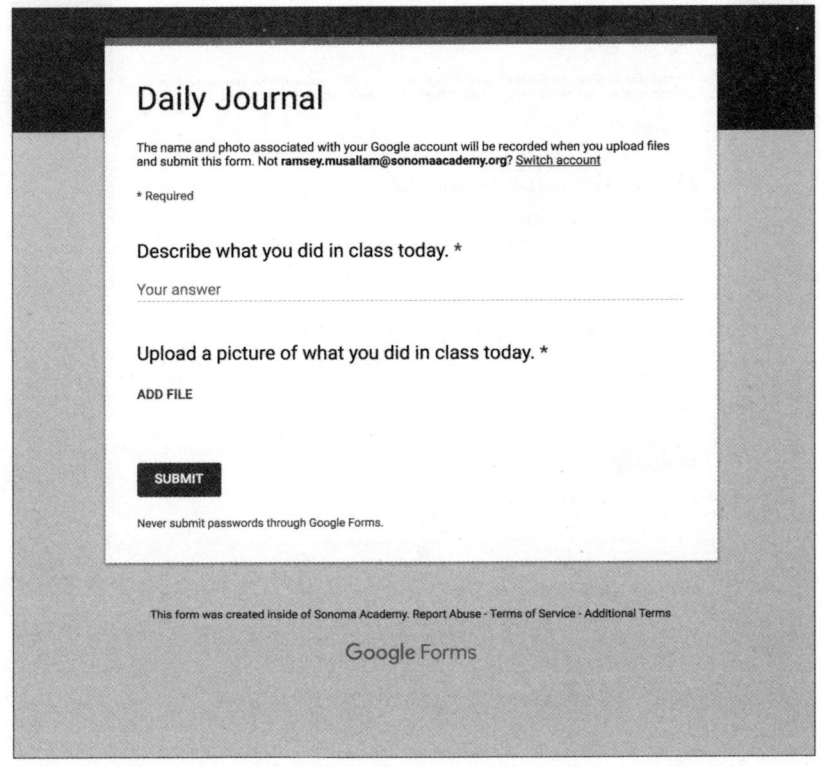

SPARK | learning

Daily Journal

The name and photo associated with your Google account will be recorded when you upload files and submit this form. Not **ramsey.musallam@sonomaacademy.org**? Switch account

* Required

Describe what you did in class today. *

I worked individually and with my group to design and a test a system to separate water into its elements. I learned today that that process is called "Electrolysis".

Upload a picture of what you did in class today. *

ADD FILE

SUBMIT

Never submit passwords through Google Forms.

This form was created inside of Sonoma Academy. Report Abuse - Terms of Service - Additional Terms

Google Forms

Daily Journal

The name and photo associated with your Google account will be recorded when you upload files and submit this form. Not **ramsey.musallam@sonomaacademy.org**? Switch account

* Required

Describe what you did in class.

I worked individually to design and test a system to separate water into its elements. I learned that this process is called "Electrolysis".

Upload a picture of your work today. *

Image 1.png ✕

SUBMIT

Never submit passwords through Google Forms.

第4步：访问带有回复的谷歌表单并分析学生的反思。

利用博客完成家庭作业

在许多教育领域，"无家庭作业"运动非常受欢迎。虽然在理念上我同意限制家庭作业作为一种评估手段的重要性，但我强烈认为，利用5E学习周期，教师可以创造有意义的方法，让学生在常规时间表以外进行学习。为此，我几年前设计了一个家庭作业系统，不仅使学生能够成为不断成长的数字公民，还向他们灌输了进行深刻反思的文化。

过去，我会向学生布置作业题，并在第二天的课堂上随机检查。我的学生们总是能在作业本上写出正确的答案，得到我给他们的一致的成绩分数，但我从未真正知道他们是认真学习了这些问题，还是在上课之前疯狂地抄下了答案。因此，我决定利用学生爱上网的心理，以另外的方式为他们布置作业。现在，我的所有学生都有个人博客，我让他们在博客里回顾他们的主题学习，他们可以利用文字、图像和视频等形式。

我不是不留作业题，而是决定放弃在课堂上给作业打分。相反，我让学生跟踪他们不理解的问题。当某个学习主题结束，学生在自己的博客里发帖时，我要求他们公开反映在做作业时遇到的问题和发现。这个系统不仅提高了学生对自己知识的认识，而且显著提高了学生在完成家庭作业方面的动机和责任感。此外，当他们不了解特定的任务时，这有助减少学生的压力，因为它提供了一个学生自然而然地争取更深入理解的环境。下面的截图是学生在学习化学课程期间，利用这个家庭作业系统进行的反思。

现代化教学技术使用步骤

- 计算机、智能手机或平板电脑
- 博客

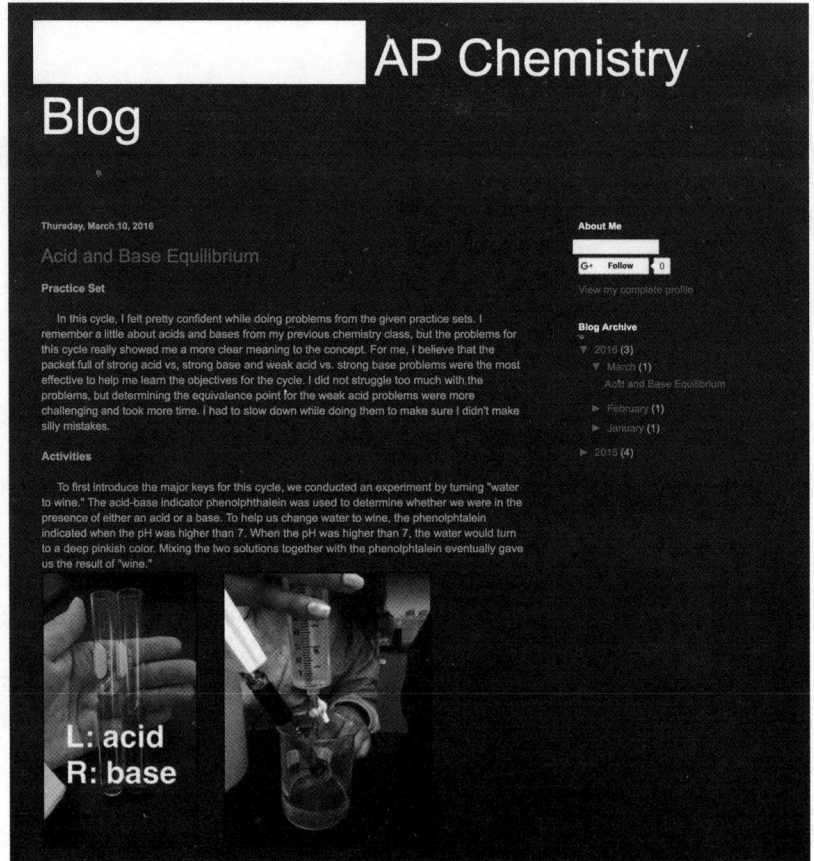

要点总结
第3章　在反思中进步与成长

- 当反思是连贯的、诚实的和相互的时，它是最好的。

- 在博客上公开反思、双课程规划和听同行的课是很有效的教师反思策略。

- 思考三个重要问题、将反思记录在共享表单中和利用博客完成家庭作业是很有效的学生反思策略。

- 谷歌云端硬盘和博客在进行反思时大有用处。

后记 / Conclusion

为学生的生活赋予更多的意义

> 如果作为教育工作者的我们能够从内容传播者这个简单的身份,进阶到好奇心和探究力的培养者,那我们可能会为学生的学校生活赋予更多的意义,并激发他们的想象力。
>
> ——TED演讲《激发学生学习兴趣的三条法则》

好奇心、无序和反思,这三个概念重新定义了我看待自己教师职业的方式。它们来自我曾经的个人创伤,为我现在的教学提供了强大力量,使我的每个课程计划都更加清晰有效。我希望本书能够帮助你思考如何激发真实的学生探究,接受课堂上暂时的无序状态,并发现新的方法来反思和调整你的教学以回应学生。很难相信,经过16年的课堂教学和6年的研究生学习,这三个概念已被证明是我见过的最强大的教学工具,比我见过的任何用来代表教育方法的流行语或首字母缩略词都更强大。

所以你也就可以理解,这本旨在帮助教师学会利用真实学习周期的书,为何将好奇心放在了第一位。培养好奇心的核心是管理好(或揭示)信息差距,随后逐步展示信息,战略性地保留足以引发想要更多信息的渴望。迟来的指导者(你)带来了响应式的直接教学的方法,教师应该将讲课视为"填泥料"而不是"涂颜料"的过程。

利用无序和进行反思是重视好奇心课程的延伸。

利用无序和进行反思是重视好奇心课程的延伸。老师是一个信息"差距填补者",一个知道何时伸出援助之手的教练。老师不是一位精神领袖,而是一位探究力的培养者和好奇心的鼓励者。讲课不再是教育工作中令人生畏的过程,而被视为一种强有力的教学工具,可用于经过精心策划的"英雄之旅"。这是一种非常有意义的看待我们的职业的方式!

贯穿本书的是现代化教学技术教程，我发现这些教程有助于简化、组织和掌握我分享的法则。这三个法则虽然简单且具有广泛的应用，却要通过有意识的教学策略来实施。这些技术就像是我教学时的战略合作伙伴，让我在自己的课堂不像我想象的那样有创造性时，不必感到那么内疚。

教学是一项令人难以置信的个人和公共事业，需要我们释放能量、激发创造力、展示深刻的真实性。用教育家帕克·帕尔默（Parker Palmer）的话来说，"良好的教学不能简化为技术，良好的教学来自教师本身和诚信"。

无论本书中分享的观点是否引起了你的共鸣，或者你是否已经开发出适合自己学生的教学结构，我都鼓励你将相关教学技术和其他外部教学用具仅仅视为教学工具。每当我在展览会上看见供应商琳琅满目的教学产品时，我都会问自己同样的问题：这些教学用具是否有助于我的三条法则的实行？如果答案是肯定的，我会试着使用它们；如果是否定的，我就转身离开。

我曾经听过一位同事说："在以前做计划，为今天而修改！"我喜欢这个概念！它提醒我，伟大的教学总是（并将永远）与当前流行的教育或教育运动背道而驰，这些潮流都与真正的学生学习不相关。

虽然教学工具可能会改变，但我希望我在课程计划笔记本中写下的三条法则永远不会被擦除。我怀着好奇心、对试错的欣赏以及成为反思性实践者的信心，我的目的和热切希望是作为一名教育工作者我将继续成长，直到我在课堂上的最后一天。我希望你也一样！

附录 / Appendix

应用于关键教学时刻的10条策略

> 将无聊的讲课从教室翻转到移动设备的屏幕上可能会节省教学时间,但如果教学重点是学生的体验感,那这种翻转就同样是非人性化的喋喋不休,只是披上了美丽的外衣。
>
> ——TED演讲《激发学生学习兴趣的三条法则》

本书的任务是与你分享我制定教学结构时所围绕的三条法则,但与所有教育工作者一样,我依靠许多不同的策略来帮助我的学生一起完成他们的"英雄之旅"。以下内容概述了10种策略技巧,这些技巧并不完全与本书的教学框架匹配,但我一直不断地用它们来吸引、评估或挑战我的学生。

我选择分享这些策略，不是因为它们有多全面、多错综复杂，位于布鲁姆分类法金字塔的顶端，或者经过严格的功效测试，而是因为在我16年的课堂教学中，我年复一年地不断使用着它们。当一节课从平庸走向优秀或从优秀走向卓越时，这些策略似乎总是在那个关键时刻出现。

找出错误

学生们不是简单地解决某个问题或回应特定提示，而是在他们的解决方案中设置一个微妙的错误，让同学们来找。学生为了找出同学设置的错误，就必须能够正确地解决这个问题，但更重要的是，他们必须在深层次和特定层面上理解问题的复杂性。

现代化教学技术使用步骤

- 电脑
- 谷歌云端硬盘

第1步：创建幻灯片演示文稿。

第2步：在"单击以添加备注"部分中插入问题。

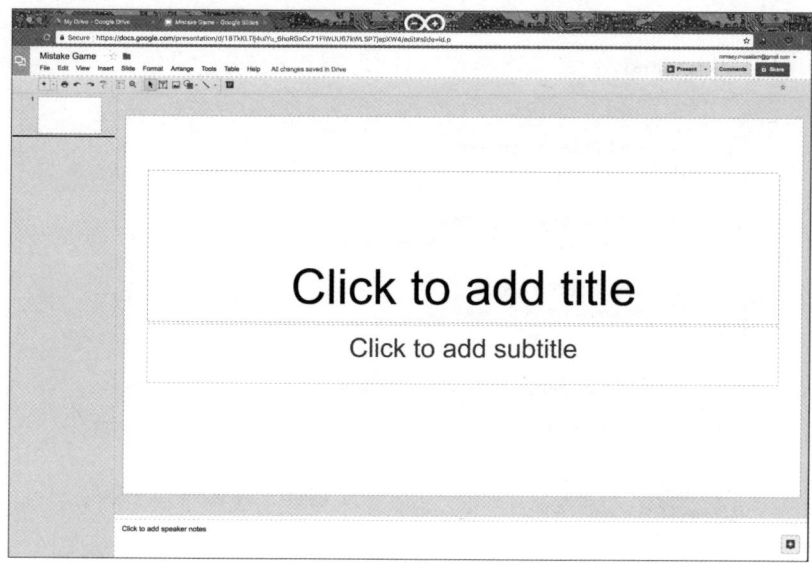

第3步：将问题幻灯片分发给学生组，共享设置为"在网上公开"和"可以编辑"。

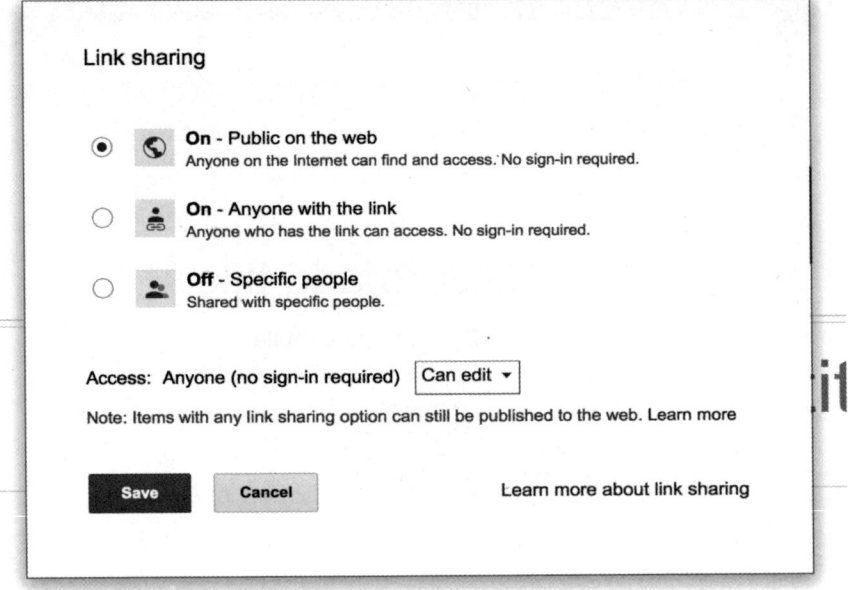

第4步：指导小组为他们自己的问题编写解决方案——使用黑色钢笔在一张白纸上设置一个错误。完成后，请他们使用计算机的网络摄像头给他们的这张纸拍个照片，并使用幻灯片的"拍摄快照"功能将图像直接插入相应的幻灯片中。

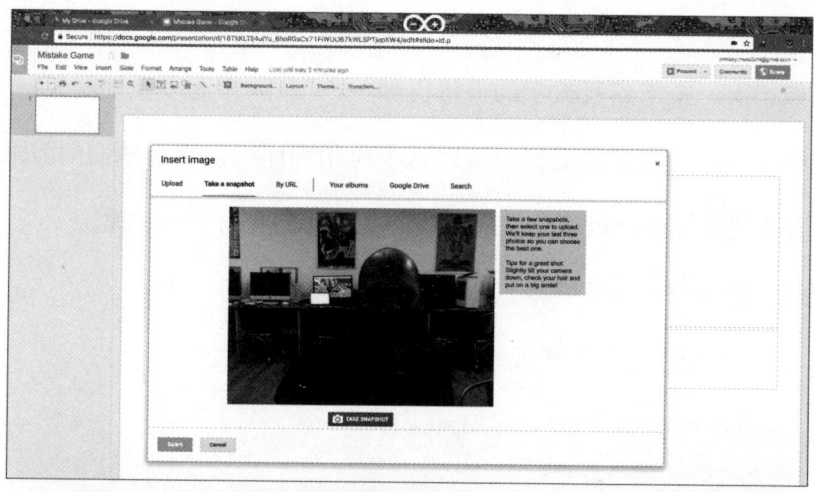

第5步：让学生观看彼此的幻灯片，尝试找出并纠正错误。

群组短信挑战

使用群组文本消息应用程序Remind，在午餐期间或课间休息时给学生们带来惊喜，将有挑战性的问题直接发送到他们的智能手机上，例如"第一个来到我教室的人将得到……"。因为大多数年龄大一点的学生通过文字进行交流，所以这个应用程序可以满足他们的需求。这种方法确实有助吸引学生的注意力并使他们参与学习过程。

现代化教学技术使用步骤

- 计算机、智能手机或平板电脑
- 应用程序Remind（remind.com）

第1步：申请Remind账户，创建课程并添加学生账号。

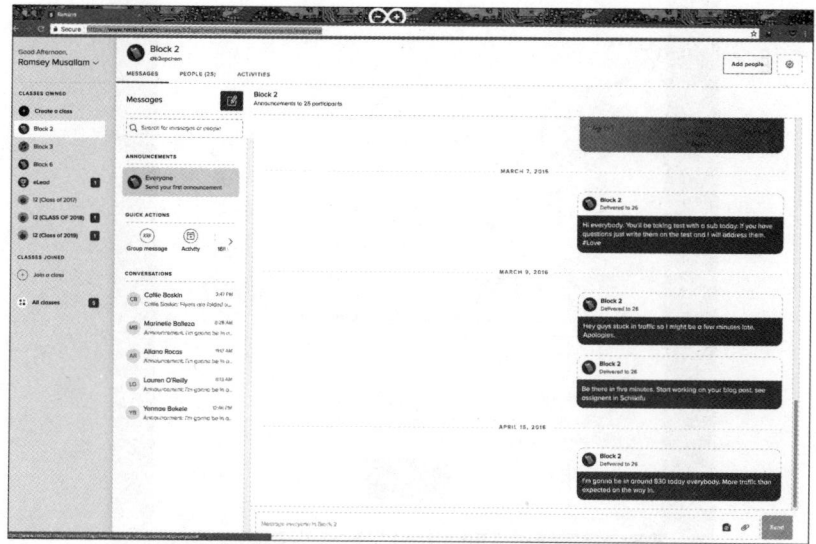

SPARK | learning

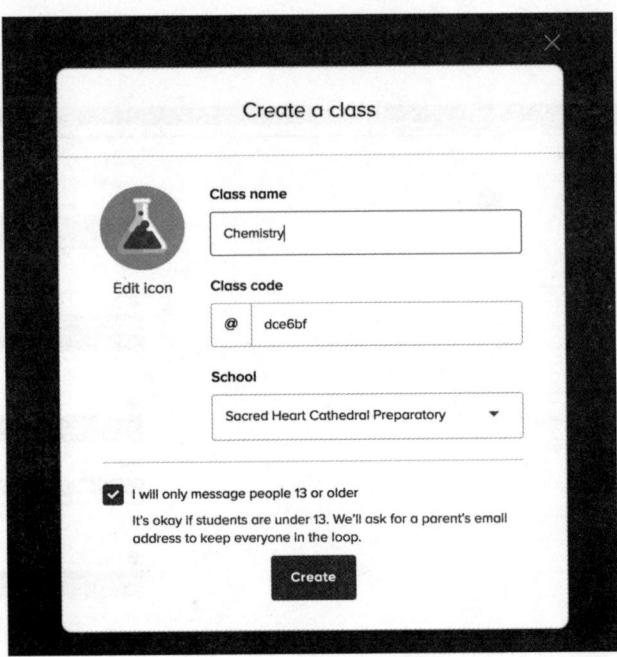

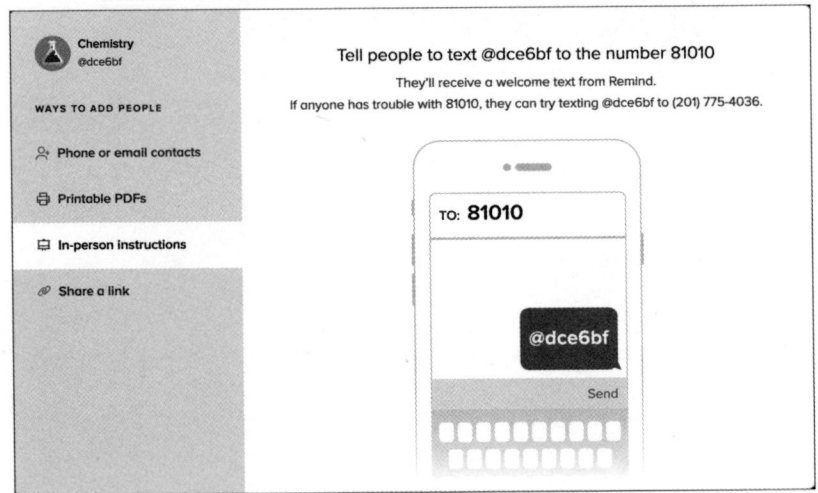

附录 | 应用于关键教学时刻的10条策略

第2步：点击"课堂公告"（Class announcement）创建消息。

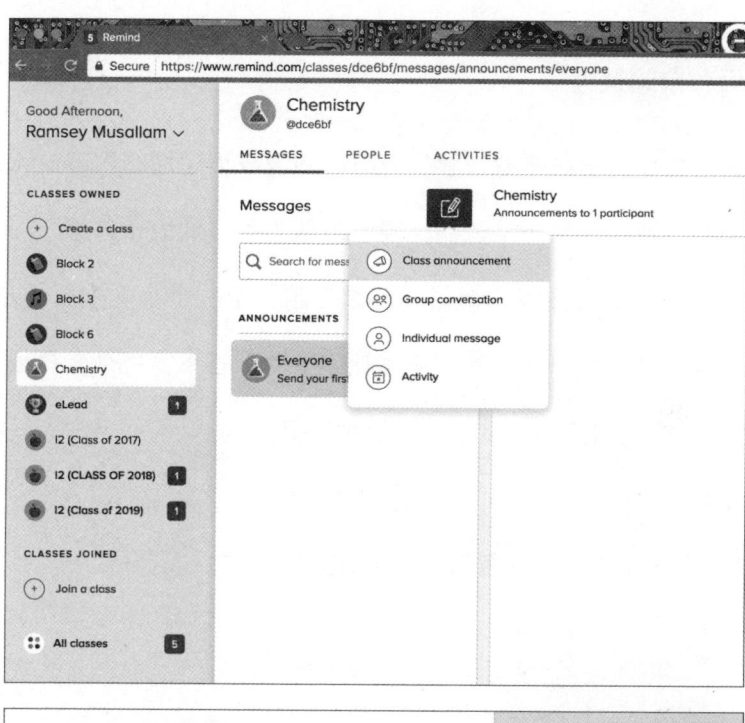

第3步：发送短信并等待学生回复。

低级布鲁姆篮球

无论是什么学科领域，学生有时必须吸收程序性的内容。无论是搭配动词、使用变量还是造句，吸收被认为是"低级布鲁姆"（算法、程序、机械等）的内容，都是《英雄之旅》中一个小而重要的步骤。使用包含低级布鲁姆问题的纸条，让学生写下答案，将纸张揉成"篮球"，然后将它们投到教室中的"篮筐"里。

教学步骤

第1步：在纸上写下短问题并将其剪成条状。

$2NO_{2(g)} \leftrightarrow N_2O_{4(g)} \quad \Delta H < 0$
Strain: decrease in pressure   Shift _____

$2NO_{2(g)} \leftrightarrow N_2O_{4(g)} \quad \Delta H < 0$
Strain: increase in [N_2O_4]   Shift _____

$2NO_{2(g)} \leftrightarrow N_2O_{4(g)} \quad \Delta H < 0$
Strain: decrease in temperature   Shift _____

第2步：设置"篮筐"。

第3步：指导学生解决问题，揉皱并发球。重复该过程。

删除题干

我们的学生在学术旅程中肯定会碰到单选题，这不是一种麻烦，而是一个令人兴奋的发展高阶思维的机会。单选题的一个强有力变形是删除问题题干，只给出答案。然后，让学生们挑战自己写出题干，保证其与观察到的选项最呼应。

现代化教学技术使用步骤

- 计算机、智能手机或平板电脑
- 谷歌云端硬盘
- 屏幕截图快捷键
  - 苹果Mac：Command + Shift + 4
  - 个人电脑：Print Screen
  - 苹果手机：Home + Sleep / Wake 按钮（同时）
  - 安卓设备：音量+电源按钮（同时）
- 图像注释

第1步：找到适当的有多项选择的单选题。概念问题是最好的。

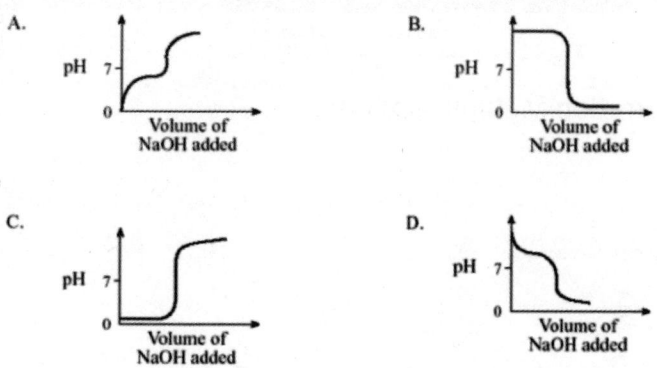

20. Which titration curve represents the titration of HCl with NaOH in the buret.

第2步：使用你最喜欢的图像注释技术在问题上添加一个框来遮盖问题。

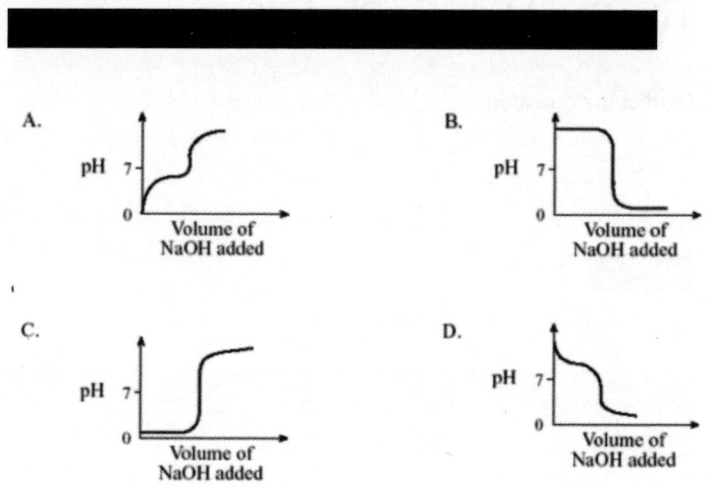

第3步：创建谷歌表单让学生创建自己的问题并与全班分享。共享完成后，显示出原来的问题。

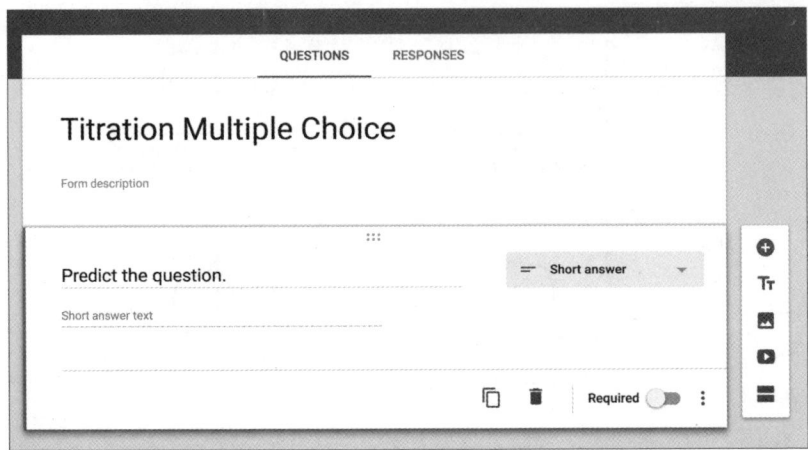

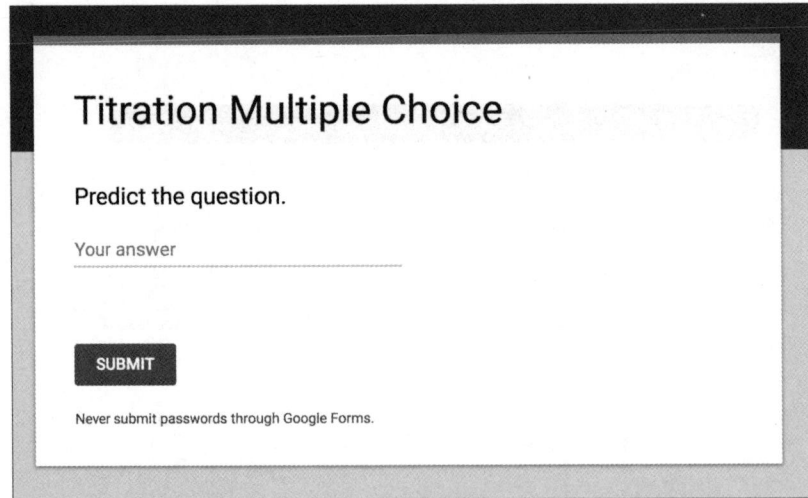

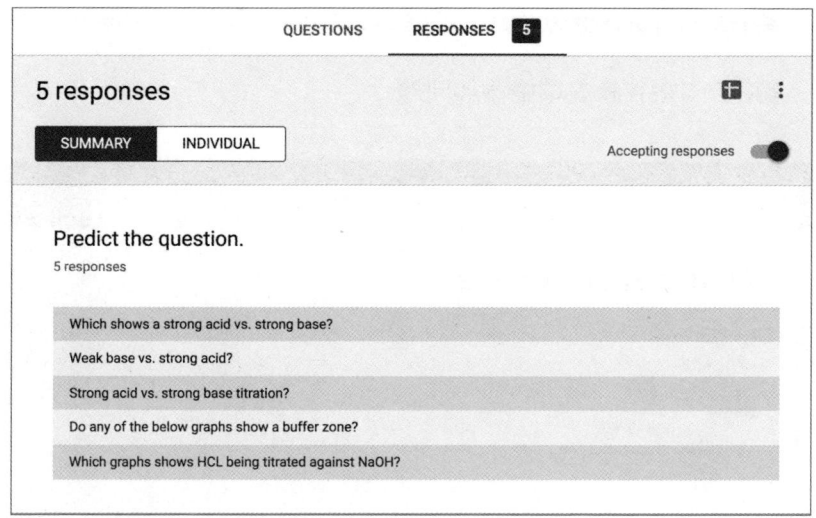

通过"确认信息"给予学生反馈

谷歌表单是获取学生信息的有效方式，当使用谷歌表单作为评估工具时，在学生提交表格后向其提供反馈是有益的。通过在"确认信息"（confirmation message）文本中放置解决方案，学生可以根据他们提交的时间收到反馈。此外，由于可以看到多份提交内容，因此你很容易判断学生是否为了获取解决方案而提交了敷衍的回答。

现代化教学技术使用步骤

• 计算机、智能手机或平板电脑

• 谷歌云端硬盘

第1步：创建谷歌表单。

第2步：在谷歌表单中添加问题。

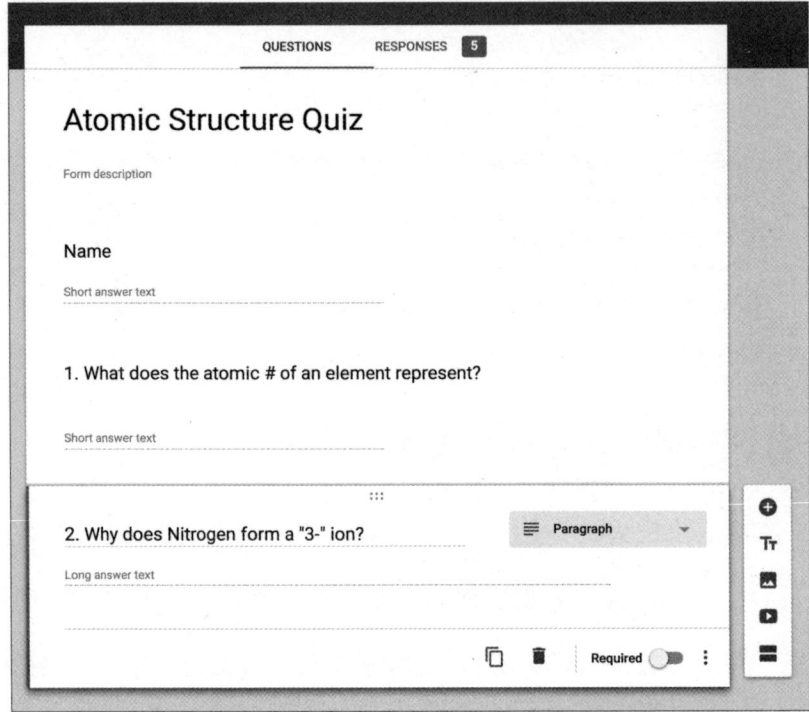

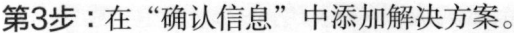

第3步：在"确认信息"中添加解决方案。

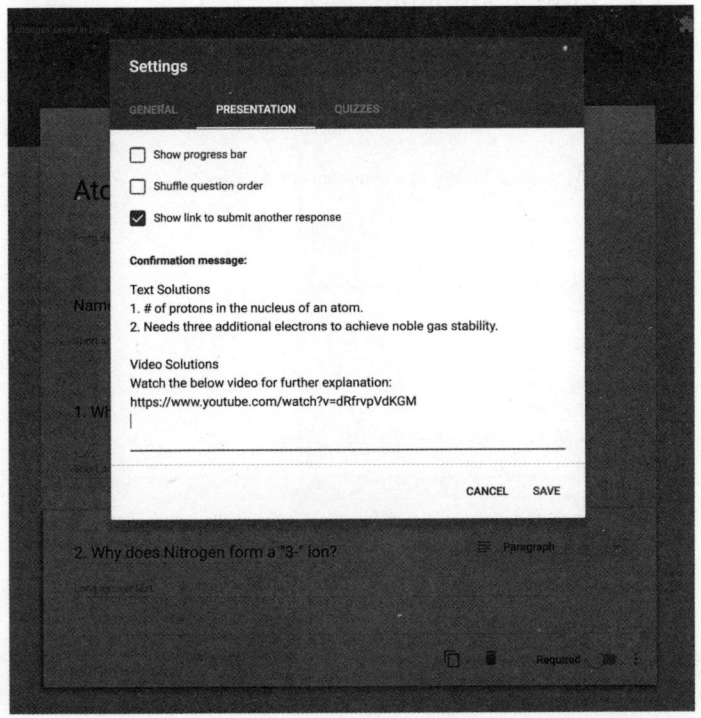

Atomic Structure Quiz

Name
Your answer

1. What does the atomic # of an element represent?
Your answer

2. Why does Nitrogen form a "3-" ion?
Your answer

SUBMIT

Never submit passwords through Google Forms.

第4步：与学生分享。提交表单后，解决方案将显示出来。

Atomic Structure Quiz

Text Solutions
1. # of protons in the nucleus of an atom.
2. Needs three additional electrons to achieve noble gas stability.

Video Solutions
Watch the below video for further explanation:
https://www.youtube.com/watch?v=dRfrvpVdKGM

Submit another response

利用谷歌表单评估学生答案

虽然用于评估学生答案的方式有很多（例如，socrative.com、kahoot.it），但谷歌表单是一种简单、有效且与使用设备权限无关的方法，可以收集自发的学生反应。创建一个带有空格的表单，用于记录单选题和文本答案。因为学生的回复带有时间戳并被保存在电子表格中，所以教师可以监控学生回答，在上边做笔记并与学生分享。

现代化教学技术使用步骤

- 计算机、智能手机或平板电脑
- 谷歌云端硬盘

第1步：创建谷歌表单。

第2步：添加选择题。请务必添加"其他"（Other）选项以允许进行文字回答。

Game Buzzer

Group

Your answer

Answer

○ A
○ B
○ C
○ D
○ E

SUBMIT

Never submit passwords through Google Forms.

第3步：观察结果。如果游戏是定时的，时间戳将指示谁首先提交了答案。

在线问答

在线回答学生问题是一项很有挑战性的工作。带有问题列和答案列的公开谷歌文档可为学生提供提问的机会。在问答结束后，该文档也还可以被访问，以供教师和学生们审阅和反思。

现代化教学技术使用步骤

• 计算机、智能手机或平板电脑

• 谷歌云端硬盘

第1步：创建谷歌文档。

第2步：将文档链接发给学生，共享设置为"在网上公开"和"可以编辑"。

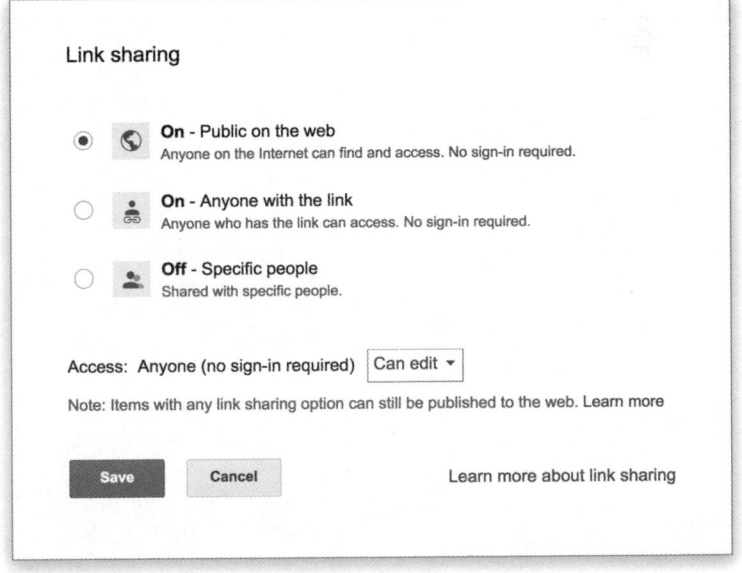

第3步：创建一个包含两列的表，一列标题为"问题"，另一列标题为"答案"。添加至少100行以留出足够的空间供学生提问。

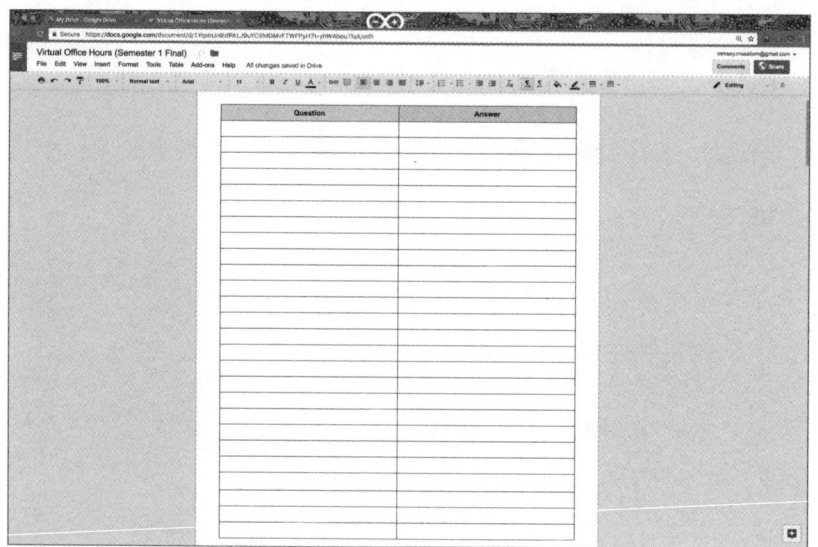

第4步：有问题时，回答问题。在重大评估考试或项目之前，我会在某个日期设定一个时间范围（下午6点至晚上9点）供学生提问。我还会挑选几个学生来帮助我回答问题。

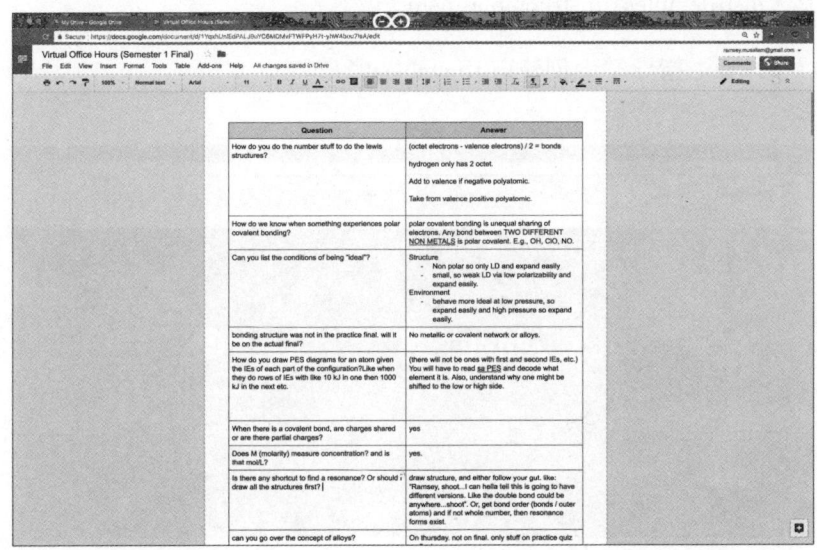

进行创意制作

我坚信公开展示学生作业的价值。2017年，我尝试让学生在Instructables网站上制作并分享自己的创意作品。学生可以为他们创造的任何东西创建一个Instructable——从一个伟大的故事到一个复杂的机器人设备。Instructable网站拥有庞大的粉丝基础，我发现学生在使用这个网站时比创建在线教学视频或者博客更有动力。

现代化教学技术使用步骤

- 计算机、智能手机或平板电脑
- Instructables（instructables.com）

第1步：指导学生创建Instructables账户。

第2步：让学生按照屏幕上的说明创建New Instructable。当他们完成Instructable时，让他们与你分享最终的链接。

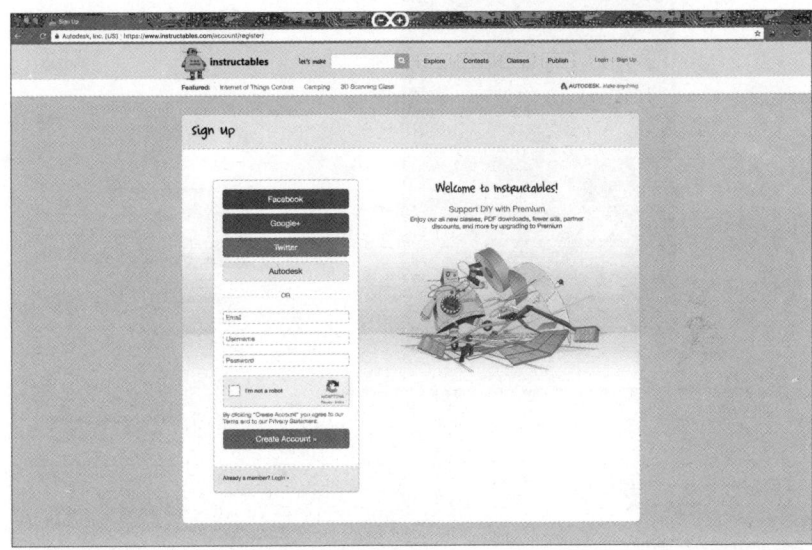

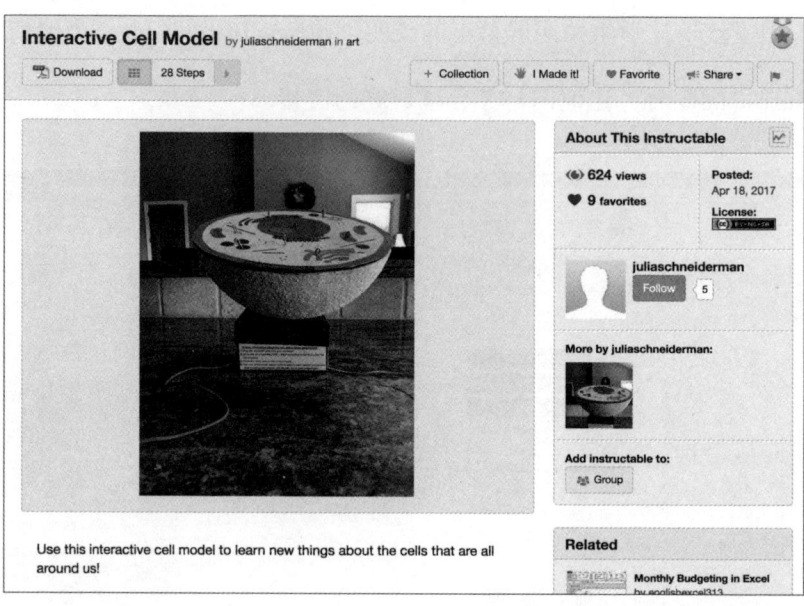

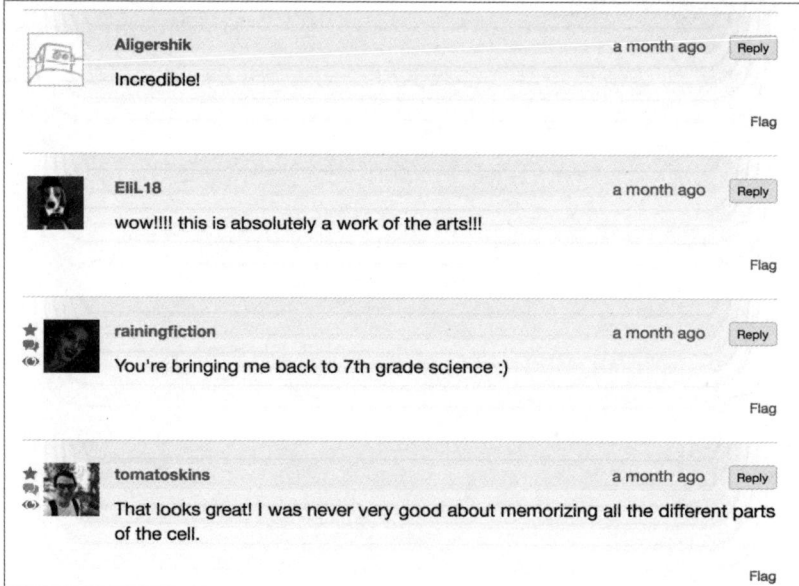

利用学生充满创意的好奇心

正如第1章中所讨论的,要把好奇心放在第一位。我开始每个主题时都试图保留完美的信息量的目标是激励并且"操纵"(没有更好的词语来替代它)学生提出问题。使用这个方法几个月后,在开始一个新的单元课程之前,我向学生提出有针对性的问题,并要求他们创建一个能激发他们同龄人的好奇心、引导他们提问的教学工具(图片或视频剪辑)。

从文字云中推断

如前文所述,文字云是将数据可视化,其中每个单词的大小表示其使用频率。每当教学内容涉及学生先前学过的知识(例如,化学反应的标志是什么)时,我会在谷歌表单中收集学生的想法,然后将他们的回答复制到文字云生成器中,创建一个可视化文件。

现代化教学技术使用步骤

- 计算机、手机或平板电脑
- 谷歌云端硬盘
- Word Sift

第1步：创建一个包含问题的谷歌表单，以收集学生的回复。

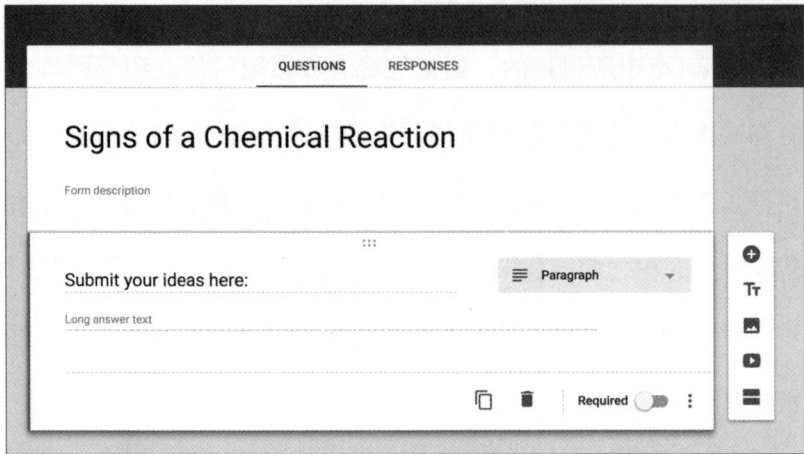

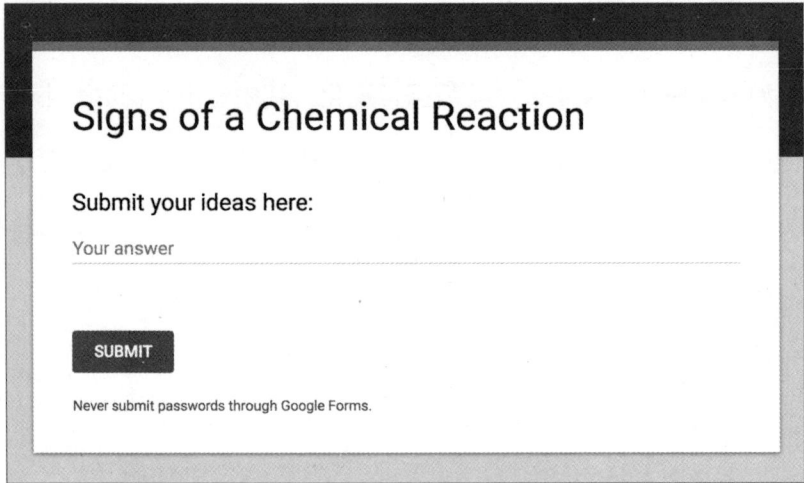

附 录 | 应用于关键教学时刻的10条策略

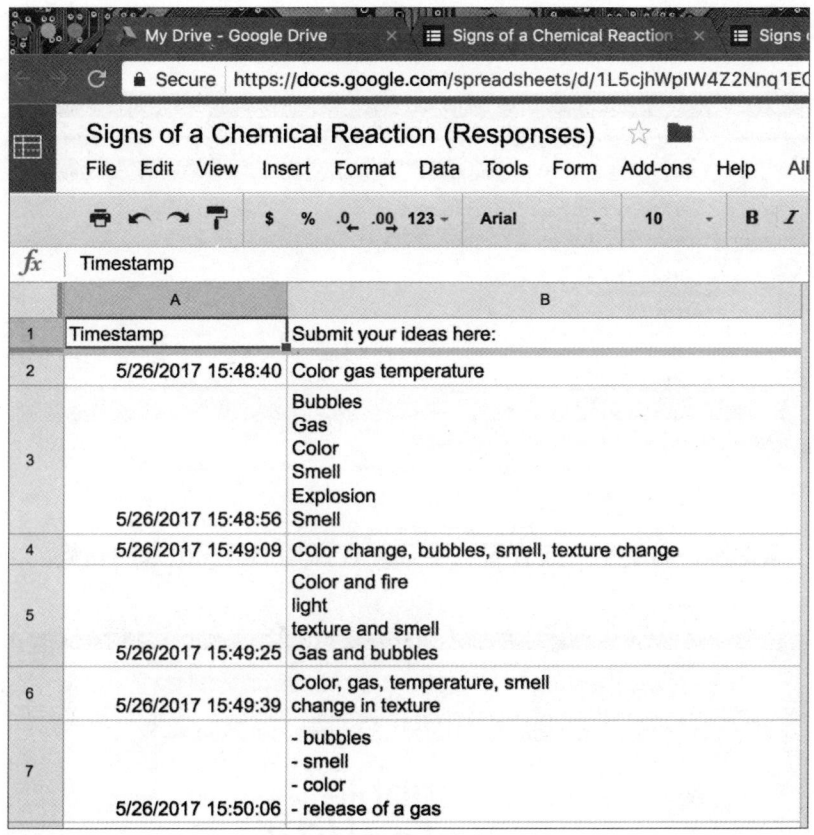

第2步：将学生回答复制到"Word Sift"中，然后单击"Sift"。

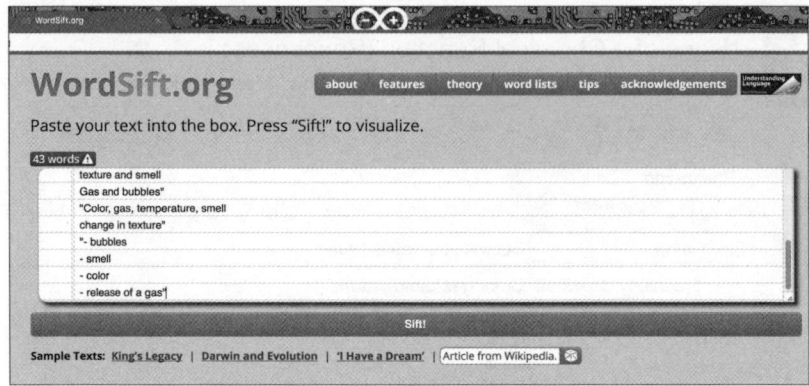

第3步：与学生一起查看文字云并查找其中呈现出来的趋势。